るのかが明らかにされていなければならない．そしてそれらの企業への就職や転職がどのようになされ，どこに課題があるのかも知る必要がある．本書は，これらの問題意識にもとづく論文から構成されている．各論文は読者として，中小企業の成長とそのなかでの人材戦略に関心をもつ実務家，研究者，そして政策担当者を読者として念頭におきながら，執筆されている．以下，個々の論文の概要について簡単に紹介してみたい．

　経営戦略（新製品開発やマーケティングなど）に大きな差がみられない企業間で，なぜ，経営パフォーマンスには大きな差がみられるのか．第1章の「成長戦略と人材ニーズ―ガゼルの経営戦略」では，このような問題に取り組む．ガゼル（Gazelle）とは砂漠地帯に住む群れのなかで抜きんでた行動力をもった哺乳類で，突出した成長力や雇用創出などをもつ企業の意味で用いられる．ガゼル企業とそうでない企業を決める要因とは何なのだろうか．

　この問題を考えたとき，人材育成に対する取り組みが有力な説明要因になる．要は，経営者が考える経営戦略は一種の「餅」である．それが，絵に描いた「餅」になるか，食べられる「餅」になるかは，経営戦略を実際に現実化する「基幹的人材」の質によるところが大きいことを確認する．

　そのために，ガゼル企業の経営者は，従業員をよく観察し，コミュニケーションをとりながら，社員のやりがいを引き出し，育成することに成功している．情報化が進み，経営戦略に大きな差がなくなってきた今，経営パフォーマンスの良し悪しは，最終的にこのような人材育成戦略の差に帰着する．ガゼル企業とは，経営者の卓越した「事業機会」認識能力によって発見したビジネスチャンスを，不均衡状態にありながらも人材育成に代表される「組織の能力」向上によって拡大均衡の方向で実現しようとしている企業なのである．そのようなガゼル企業は全体の4％たらずであるが，雇用創出全体の40％を生みだしている．

　そこで第2章の「人材育成がカギを握る中小企業の成長」では，成長・拡大している中小企業ほど能力開発に積極的な場合が多いことを，第1章とは別の視点から確認していく．そこからは，自社の競争力の高さを誇っていたり，事業拡大を志向している場合ほど，人材育成を重視しており，競争力の基盤と考えている成長企業の姿が浮かび上がる．

はしがき

　本書は，成長過程にある中小企業の実態を示すデータを用いて，その人材戦略を包括的な視点から解明することを目的としたものである．本書で用いるデータは基本的に，1999年に通商産業省（現：経済産業省）の委託を受け，日本商工会議所が実施した「総合的人材ニーズ調査」の「特定ニーズ調査」をもとに収集されたものである．調査については，そのホームページ（http：//www.cin.or.jp/needs/）に詳しく紹介されている．概要に関しては，本書の参考資料を参照されたい。

　当時，緊急雇用対策の一環として実施された同調査は，高失業率に悩む日本経済において，どこに隠された人材ニーズがあるのかを，全国33万社調査という，過去に類をみないほどの大規模調査によって明らかにしたものである．その調査結果を公開した上記のホームページには開設以来，数十万件のアクセスがなされている．

　日本企業の99％以上は，いわゆる中小企業である．なかでも非農林業の雇用者全体のうち，およそ3人に1人が従業員30人未満の企業で働き，およそ2人に1人が100人未満の企業に就業している．日本全体の雇用環境を左右するのは，成長過程にあり雇用を創出する可能性をもつ中小企業がいかに豊富に存在するかにかかっている．1998年以降の不況も，マクロ経済的には，それまで中長期的につねに増加傾向にあった中小企業の雇用者数の伸びに，はじめて大きくブレーキがかかったことからもたらされたものである．

　このような不況下にあっても，成長過程にある「たくましい」中小企業は存在する．これからの経済回復と安定軌道への復帰には，そのような「たくましい」中小企業の大量な出現が不可欠である．政策もそのような中小企業の育成，発展をうながすものでなければならないし，それらの企業への円滑な転職を実現するものでなければならないだろう．

　その際，不況下でも成長過程にある企業は，どのような人材戦略をもってい

成長と人材
―伸びる企業の人材戦略―

佐藤博樹・玄田有史 編

勁草書房

しかし，能力開発に積極的に取り組んでいる企業では，少なからず課題に直面している．多くの企業が抱える問題は，指導人材の不足である．一方，能力開発に積極的でない企業では，指導者不足の問題とあわせて，教育訓練のために割ける時間が確保できないために，能力開発に取り組めない場合が相当である．そこでは中小企業の成長環境を整備する政策上の課題として，職場の管理職など教育訓練の担い手である人材の育成や，計画的なOJTプログラムの提供などが求められる．

　第2章では重要な事実として，能力開発に積極的に取り組んできた企業ほど，雇用を創出している現状を見いだす．能力開発による雇用の質の向上が，雇用を量的にも拡大するという好循環が存在する．一方，能力開発に積極的でない企業は雇用を喪失し，雇用が質的にも量的も劣化する悪循環が発生する．中小企業における成長をうながし，雇用を創出していくためにも，能力開発を活発化させる環境整備は欠かせない．

　さらに育成した人材が会社に定着するかどうかも，企業が積極的な人材育成を推進して行くうえでのポイントとなる．社員に責任や自由を明確にした仕事を提供すること，頻繁にコミュニケーションをとること，明るくて開放的な職場の雰囲気づくりなどが定着のカギを握ることも確認される．

　続く第3章「右腕が中小企業の経営業績に与える影響」では，企業の人材戦略のうち，「右腕」の存在に注目する．成長する中小企業には，名経営者がいると同時に，参謀や相談相手となる有能なナンバー2，すなわち右腕社員が重要だと，経験のなかで感じている人も多いのではなかろうか．しかし，その点を実際のデータを用いて証明した例はきわめて少ない．そこで，中小企業において右腕の存在がどのように経営業績や経営戦略に関係しているかを分析する．その結果，成長下にある中小企業の実に4社に3社で右腕が存在していることが分かる．加えて，右腕のいる企業はいない企業に比べて，売上や経営利益も多く，事業拡大も強く，競争力にも自信をもっている．

　右腕のなかでも，とくに右腕が親族以外の社員のときに効果があり，学歴としては，文系大卒の右腕がよい．年齢は若いほどよく，はじめから右腕として中途や出向・転籍で採用したケースで経営パフォーマンスがよい．右腕のいない企業でも，事業拡大意欲の強い企業ほど右腕を望んでいる．そもそも，なぜ

右腕がそれほど重要な意味をもっているのだろうか．「右腕」社員は他の社員にはない特殊な能力を保有しているのかもしれない．そのため右腕には，経営者が誤った経営判断をとることを諫めるなど社長とは別の冷静な視点と論理的な判断力が要求されよう．また人員が拡大するなかで，経営層と従業員のあいだで認識や保有する情報の乖離が起こりがちになる．そのとき，両者のパイプ役となる人材が非常に重要な役割を果たす．そこに右腕の価値があるのかもしれない．いずれにせよ，「右腕」の意味を明らかにし，右腕についての労働市場を発展・充実させることは，今後の重要な政策問題となる可能性を秘めている．

本書では，個別企業内での最適人材戦略と同時に，社会全体での最適な人材配置を実現する転職市場のあり方も考察する．第4章と第5章の分析がそれにあたる．

第4章「転職と情報―成功した転職者にみる情報収集」では，転職に成功するための視点として，どのような個人特性，転職理由，職業経験や求職方法（入職経路）をとってきた者が，より多くの移動先に関するさまざまな情報を入手できたのかを明らかにする．

通常，転職よりも出向から転籍に移行する企業間移動の方が，移動者と受け入れ企業の両者にとっては利点がある．たとえば，受け入れ企業からすると，移動者の職業能力を，実務を通じて判断できる．移動者にとっては，自己の職業能力を活かすことができる仕事や職場であるかを実務的に確認できる．中堅・中小企業に上級管理職として勤務する場合，仕事の内容だけでなく，経営トップとの円滑な人間関係の構築が不可欠だが，こうした点も確認できる．

その場合，会社や仕事などに関する情報を十分に事前入手した者ほど，現在の勤務先での仕事や処遇に関して満足度が高く，能力も発揮しやすい．つまり，情報の入手によって能力や適性の発揮が可能な勤務先であるかどうかの判断が事前にでき，納得した移動の選択が可能になる．転職に際しては，貪欲にできるだけ大量の事前情報入手が重要となるが，それには個人の学歴や転職理由などに加えて，求職方法が大きな影響を与える．前の勤務先や取引先を経由した転職や，知人を理由とした転職は，情報獲得という意味できわめて有効な求職方法である．

さらに第5章「円滑な転職のための環境整備—知らせる仕組みと知る仕組み」では，中小企業の中途採用された人々と，採用した企業に対するアンケート調査にもとづき，採用時の職歴や教育歴，採用方法等が，入社後の企業と従業員双方の満足度に与える影響，および初任給や入社後の業務達成度ならびに訓練量に与える影響を検証している．その結果，以前の勤務先での就業経験や訓練で培った技能は，それが新しい仕事に関連している限りにおいて，転職後の職場での生産性を高めていることが確認される．しかし，それに加えて，その生産性が給与に反映されるためには，能力や経験さらに業績を「知る」仕組みの確立が急務である．ここでも前の勤務先や取引先とのネットワークが有効であることの他，「知る」仕組みとして，業界内での職業能力評価基準の確立が急務であることを指摘している．

　また企業自身が，経営トップの人柄や社風，能力開発，仕事の内容，労働時間などの情報を開示する「知らせる」仕組みを有することが，転職後の従業員の満足に影響を与えることも確認される．

　以上の内容に，全体を総括する第6章と，分析に用いた調査の概要が加えられ，本書は構成されている．本書の特徴は，多様な中小企業のなかで，不況下でも成長を続ける企業の特性を，主に基幹的な人材についての戦略志向という側面から，一貫して人材育成と情報開示をキーワードに考察していく点にある．そのなかで，近年の労働問題のキーワードである「雇用創出」だけでなく，「ガゼル」，「右腕」といった今後重要性を増すだろうあらたなコンセプトにも注目していく．さらに人材のミスマッチを回避し，より望ましい転職環境を整備するための「情報」とは何かを，改めて詳細に検討していることも特徴だろう．本書の各章に共通する視点は，企業成長に不可欠なのは人材であるということである．その背後にあり，分析によって確信されたのは，人材と事業機会がいかにして出会い，そしてその事業機会を通じて人材が成長していくことが，企業の成長をうながすという事実なのである．

　最後に，本書を実現してくれた勁草書房の伊藤安奈氏の情熱に感謝する．

2003年1月

佐藤博樹・玄田有史

目　　次

はしがき

第1章　成長戦略と人材ニーズ ……………………………高橋徳行……3
　　　　　──ガゼルの経営戦略
　　1.　はじめに──ガゼルによる雇用創出　3
　　2.　ガゼルがもつ二面性　6
　　3.　経営活動の人材　15
　　4.　おわりに──ガゼルの人材育成　21

第2章　人材育成がカギを握る中小企業の成長 …玄田有史・佐藤博樹……33
　　1.　はじめに　33
　　2.　経営戦略としての能力開発　35
　　3.　能力開発のための課題　44
　　4.　雇用創出からみた能力開発の重要性　48
　　5.　能力開発と定着のための知恵　55
　　6.　おわりに　58

第3章　右腕が中小企業の経営業績に与える影響 ……………脇坂　明……62
　　1.　はじめに──問題意識と先行研究　62
　　2.　右腕の存在とプロフィール　63
　　3.　右腕の経営業績に与える影響の多変量分析　67
　　4.　経営戦略と右腕の関係　79
　　5.　右腕がいない企業　82
　　6.　おわりに　84

第4章　転職と情報 ……………………………………………大木栄一……86
　　　　──成功した転職者にみる情報収集
　　1.　はじめに──問題意識　86
　　2.　情報収集活動と移動後の成果　87
　　3.　職業経験・求職方法と情報入手の程度（クロス分析）　92
　　4.　情報の量の規定要因（重回帰分析）　99
　　5.　おわりに──残された課題とその課題を解決するためには　102

第5章　円滑な転職のための環境整備 ……………………………黒澤昌子……105
　　　　──知らせる仕組みと知る仕組み
　　1.　はじめに　105
　　2.　マッチングの状況　107
　　3.　従業員属性・経験と満足度　114
　　4.　情報収集と満足度　122
　　5.　おわりに　131

結　章　成長企業の人材戦略 ……………………………玄田有史・佐藤博樹……135
　　1.　はじめに──キーワードは「人材育成」と「情報開示」　135
　　2.　育成に成功する経営者像　137
　　3.　成長企業で働くために　140
　　4.　成長企業のための環境整備　142
　　5.　おわりに　144

参考資料………………………………………………………………佐藤博樹……147
　　調査概要と実施方法　147
　　特定ニーズ調査の概要　151
　　調査結果（単純累計結果）　158
　　　　人材の確保と育成に関する調査結果（企業調査）　158
　　　　従業員意識調査結果（従業員調査）　174

索　引 ………………………………………………………………………………186

成長と人材
―伸びる企業の人材戦略―

第1章　成長戦略と人材ニーズ
　　　　——ガゼルの経営戦略

高橋　徳行

1.　ガゼルによる雇用創出

1.1　はじめに——ガゼルとは

　中小企業が雇用において大きな役割を担っているとはいえ，雇用創出に着目した場合，それはすべての中小企業が同じ程度に行っているわけではなく，一部の中小企業が大量の雇用を生み出しているのが実態である．米国において，1979～95年にかけて，大企業の代名詞であるフォーチュン500社が400万人の雇用を減らし，同時に新規開業企業によって2,400万人の雇用が創出された．しかし，そのときも，すべての新規開業企業が一様に成長したわけではない[1]．
　米国の経済学者であり，中小企業の雇用創出に早くから着目していたデビッド・バーチ（David Birch）は，雇用創出力と成長可能性をもつ企業をガゼル[2]（gazelle：規模は小さいが変化への対応が素早く成長力をもつ企業．ガゼルとはもともとは砂漠地帯に住む哺乳類）と呼び，数のうえでは全体の4～8%にあたるガゼルが，全体の70～75%の雇用を生み出していると報告した．その後，同様の現象はいくつかの調査でも確認され，たとえば，英国ワービック大学のストーリー教授は1965～78年に開業した企業のデータをもとに，4%の新規開業企業が新しい雇用の50%を生み出していると推計している[3]．
　1999年度に日本商工会議所が実施した「特定ニーズ調査」（以下，日商調査）

---

1) Bygrave, ed.［1997］p. 1.
2) 成長可能性の高い企業は他にもflyers（鳥や快速で動くものという意味）などと呼ばれたりする．
3) Storey［1994］pp. 113-115.

表 1.1 雇用増減別にみた企業数, 正社員数

(単位：社, 人)

	企業数	正社員数		総増減数
		1997 年時	1999 年時	
増加	1,550	39,011	45,502	6,491
増減なし	932	14,264	14,264	0
減少	1,491	51,235	44,682	−6553
合計	3,973	104,510	104,448	−62

(資料) 日本商工会議所「特定ニーズ調査」(1999 年度).
　　　以下, 図 1.3, 図 1.4, 図 1.6, 図 1.7 を除き, すべて同じである.
(注) 各年 3 月末時点の正社員数である.

でも，同様の結果が得られた．日商調査の対象企業は新規開業企業だけではなく，既存企業も多く含まれ，また雇用の増減を尋ねている期間が 1997～99 年までの 2 年間という制約条件はある．しかし，両年の正社員数を回答した 3,973 企業をみると，全体では 62 人の雇用が減少したなかで，そのなかには雇用を減らした企業，2 年間で増減がゼロである企業，そして雇用を増やした企業が混在している（表 1.1 を参照）．減少企業は 1,491 社で 6,553 人の正社員を減らし，増加企業は 1,550 社で 6,491 人の正社員を増加させた．1 社平均それぞれ 4.4 人と 4.2 人である．

しかしながら，減少企業，増加企業が均一に雇用を減少させたり，増加させたりしているのではない．増加企業 1,550 社全体で増やした雇用数 6,491 人の 1 割はわずか 15 社によって実現され，5 割の雇用は 212 社によって生み出された．そして残りの 5 割が 1,338 社によって創出されたのである（図 1.1 を参照）．また，減少企業においても同じような現象がみられる．減少企業 1,491 社が全体で 6,553 人の雇用を減らしたが，その 1 割にあたる 655 人は 16 社の企業によるものである．222 社が最初の 5 割を減らし，残りの 1,269 社で次の 5 割の雇用が失われた（図 1.2 を参照）．

このように，雇用は，すべての企業が同じように創出したり削減したりしているのではない．雇用創出に着目すると，少数の成長企業の役割が非常に大きい．

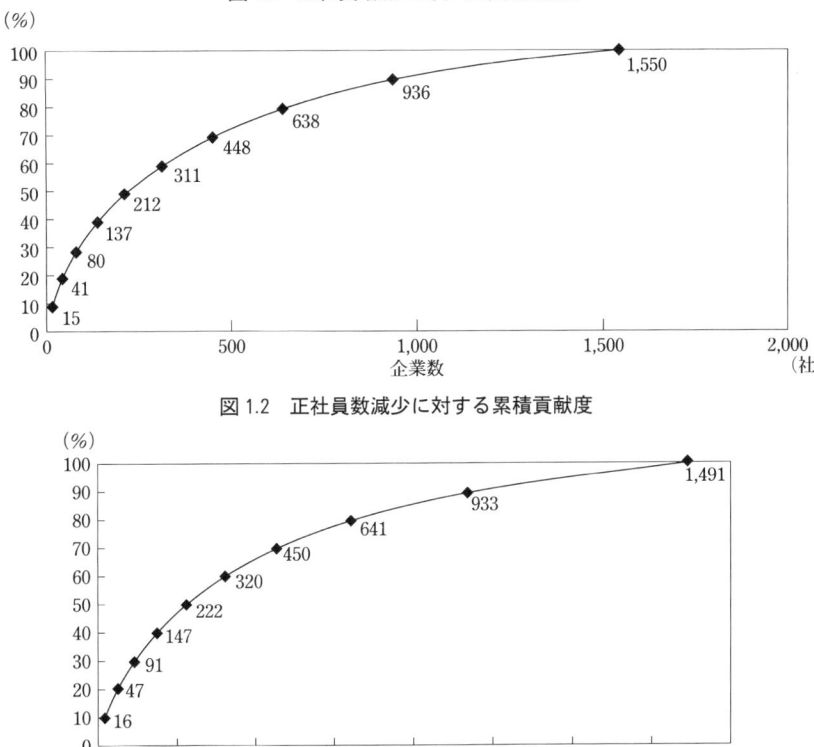

図 1.1 正社員増加に対する累積貢献度

図 1.2 正社員数減少に対する累積貢献度

1.2 ガゼルの雇用創出力

　本章では，雇用創出に大きな貢献のあった企業とそうではない企業があることをふまえ，1997〜99年にかけて正社員を10人以上増加させた企業を「ガゼル」とよび，ガゼルを調査対象企業全体と比較することによって，成長企業の特徴を明らかにしていきたい．なお，2年間で正社員を10人以上減らした企業を「反ガゼル」と呼び，必要に応じて表やグラフなどで両者を比較できるようにしている．

　ガゼルは158社であり，増加企業全体（1,550社）に占める割合は10.2%，また調査企業全体（3,973社）に占める割合は4.0%である．ガゼルによって創出

表 1.2 ガゼルと反ガゼルが全体に占める割合

	企業数	増加（減少）企業に占める割合（％）	調査企業全体に占める割合（％）
ガゼル	158	10.20	4.00
反ガゼル	167	11.20	4.20

(注) 1. ここでいう調査対象企業は，1997年3月末と99年3月末の正社員数の比較が可能な3,973企業である．
2. ガゼルとは，ここでは1997年3月末～99年3月末にかけて正社員を10人以上増加させた企業であり，反ガゼルとは反対に同じ期間に正社員を10人以上減少させた企業である．

表 1.3 ガゼルと反ガゼルの雇用数と増加（減少）に占める割合

	1997年3月末における正社員数（正社員全体に占める割合(%)）	1999年3月末における正社員数（正社員全体に占める割合(%)）	増減数（増減数全体に占める割合(%)）
ガゼル	6,091 (5.8)	8,869(8.5)	2,778(42.8)
反ガゼル	12,019(11.5)	9,201(8.8)	2,818(43.0)

(注) 1. 1997年末における正社員総数は104,510人，1999年3月末における正社員総数は104,448人である．
2. 正社員増加企業による増加数合計は6,491人であり，正社員減少企業による減少数合計は6,553人である．

された雇用数は2,778人であり，これは雇用増加数全体（6,491人）の42.8％を占める（表1.2，表1.3を参照）．

また，反ガゼルについても同じことがいえる．反ガゼルは167社であり，減少企業全体（1,491社）に占める割合は11.2％，また調査企業全体（3,973社）に占める割合は4.2％である．反ガゼルが減らした雇用数は2,818人であり，これは雇用減少数全体（6,553人）の43％を占める（表1.2，表1.3を参照）．

ガゼルと反ガゼルを合計すると325社であり，これは調査企業全体の8.2％にすぎないものの，この1割にも満たない企業によって雇用増減の約4割を説明することができる．

2. ガゼルがもつ二面性

2.1 経営的特徴

まず，ガゼルの経営的特徴を日商調査によりみてみよう（表1.4を参照）．経

表 1.4 ガゼルの経営的特徴

(単位:人,%)

		ガゼル	全体	ガゼルと全体の差（%ポイント）	（参考）反ガゼル
経営成果	売上増加割合	50.9	18.2	32.7	6.1
	利益増加割合	38.0	16.6	21.4	13.8
	競争力が強いとする割合	27.8	15.4	12.4	13.8
企業と経営者	1985年以降創業企業割合	31.8	17.3	14.5	9.3
	経営者が60歳以上である割合	26.4	34.6	−8.2	45.0
	1997年3月末の正社員数	38.6	26.3	12.3	72.0
従来の経営戦略（力を入れてきたこと）	新製品・新サービスの投入	34.8	31.3	3.5	31.7
	営業エリアの拡大	61.4	49.3	12.1	47.3
	多角化の展開	30.4	20.6	9.8	24.6
	ビジネスパートナーとの業務連携	19.6	11.9	7.7	13.2
	経営組織の見直し	39.2	31.1	8.1	56.3
	コストダウン	56.3	56.7	−0.4	75.4
	マーケティングの強化	24.7	22.9	1.8	22.8
	情報システムの構築	30.4	21.9	8.5	29.9
	人材育成	72.2	55.5	16.7	56.9
資金調達	必要な資金を調達できている割合	75.3	69.5	5.8	65.3
基幹的人材	不足とする割合	60.9	51.6	9.3	58.7
	満足している割合	52.3	52.7	−0.4	43.8
	能力開発への取り組みが積極的である割合	66.3	56.6	9.7	54.9
	右腕がいる割合	82.5	74.5	8.0	72.5

営成果をみると，ガゼルは増収増益企業である．増収企業割合は全体の18.2%に対してガゼルは50.9%，また増益企業割合は全体の16.6%に対してガゼルは38%である．売上や利益の増加が雇用増加の背景にある．また，自己評価ではあるものの，競争力が強いとする割合も高い．

　企業と経営者の属性の特徴でもっとも際立っていることが業歴と経営者の年齢である．創業が1985年以降の割合をみると全体の17.3%に対してガゼルは

31.8%,経営者の年齢も60歳以上の割合は低い.企業年齢と成長性に負の相関関係があることは多くの先行調査で明らかにされてきた[4].ガゼルに若い企業が多いことは,過去の一連の調査結果と一致している.

過去に力を入れてきた経営戦略をみると,全体平均と比べてもっとも乖離幅が大きいものは「人材育成」であり16.7%ポイントの差が開いている.以下「営業エリアの拡大」(12.1%ポイント),「多角化の展開」(9.8%ポイント),「情報システムの構築」(8.5%ポイント),「経営組織の見直し」(8.1%ポイント),「ビジネスパートナーとの業務連携」(7.7%ポイント),「新製品・新サービスの投入」(3.5%ポイント),「マーケティングの強化」(1.8%ポイント),「コストダウン」(−0.4%ポイント)と,コストダウンを除いたすべての項目でガゼルは全体平均を上回っている.

しかし,企業規模拡大とほぼ同義と考えられる「営業エリアの拡大」と「多角化の展開」を除くと,「人材育成」とほかの項目の差が著しい.特に,「新製品・新サービスの投入」や「マーケティングの強化」ではほとんど差がないにもかかわらず,ガゼルと調査企業全体では経営成果に大きな差が生じている.

基幹的人材に関しては,能力開発への取り組みは積極的であるものの,満足度は決して高くなく,正社員を増やしているなかで不足割合は依然として高い.能力開発への取り組みが積極的ある企業割合(「非常に積極的」と「積極的な方」の合計)をみると,ガゼルは66.3%であり,全体平均は56.6%である.しかしながら,過去2年間で正社員を積極的に増やしているなかで,ガゼルの基幹的人材が不足である割合は60.9%と全体の51.6%を上回り,また,基幹的人材に満足している割合(「非常に満足している」と「ほぼ満足している」の合計)も,ガゼルは52.3%と全体平均の52.7%をわずかながらも下回っている.

このように,ガゼルは増収増益企業であり,競争力も強い.また,経営戦略の柱として「人材育成」に力を入れ,能力開発に積極的であるという特徴をもつ.しかしながら,その一方で,「新製品・新サービスの投入」や「マーケティングの強化」といった企業の主要活動にかかる戦略面において全体平均程度であり,また基幹的人材への満足度も決して高くない.

---

4) たとえば,安田[2001].

2.2 成長企業の特質

日商調査から得られたガゼルの経営的特徴は，成長企業の特質をそのまま反映している．企業の主要活動を構成する「新製品・新サービスの投入」や「マーケティングの強化」の取り組みよりも「人材育成」への取り組みの違いによって経営成果に大きな違いが生まれていること，その一方で基幹的人材への満足度は必ずしも高くなく，かつ不足感も強いということである．ガゼルには，「人材育成」の結果としての人材の卓越性が経営戦略の実行性を高め，それが成長の原動力になっている側面と，成長のスピードに「人材育成」が追いつかないために満足度は平均並みで，かつ不足感も強いという側面の二面性がある．この問題について経営学の視点から考えてみたい．

企業が成長という果実を獲得するには，2つの経路がある（図1.3を参照）．1つは「組織の能力」を充実させることであり，もう1つは卓越した「事業機会」を発見し，そこで事業活動を展開することである．人材などに代表される経営資源を充実させ，その充実した経営資源が魅力ある事業機会を切り拓いていくという視点と，魅力ある事業機会を見定めて，その事業機会を実現させるために必要な経営資源を整えるという視点である．

図 1.3　経営戦略の 2 つのアプローチ

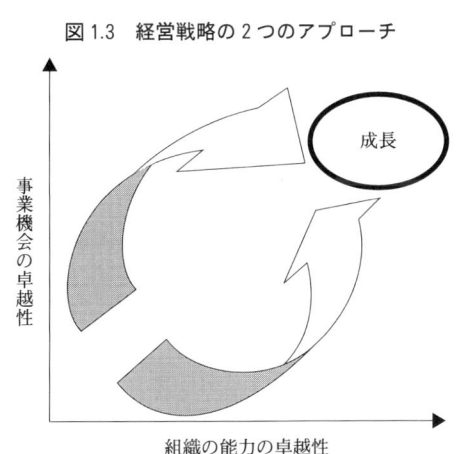

（注）この図は，藤本隆宏「やさしい経済学—経営入門」『日本経済新聞』（2002 年 1 月 25 日）をもとに作成した．

ガゼルと調査対象企業全体の経営成果の違いは企業の主要活動にかかる経営戦略の違いではなく,「人材育成」の戦略の違いによるものと考えることは,「組織の能力」が企業成長に重要な役割を果たす立場を支持するものである.しかし,基幹的人材への満足度が高くなく,不足感も強く残っているという調査結果は,「組織の能力」に「事業機会」が先行しても成長は可能である側面をあらわしている.

人材など「組織の能力」は「事業機会」の実現性に大きな影響力をもつ.地方のタクシー会社は長引く不況で利用者が減少したり,規制緩和の進展で競争が激化するなど,経営環境が厳しくなっている.一方,老人を対象とした病院の送迎業務や近隣住民をターゲットとした宅配業務などあらたな「事業機会」も同時に芽生えている.そのなかで,経営者が新しい「事業機会」をとらえようとしても,運転手が「そんなことは嫌だ」と言ったり,無愛想に荷物を届けたりすれば,経営者の描いた経営戦略は実現しないので,成長機会も失われる.

また,その半面,企業がターゲットとした「事業機会」が非常にユニークである場合,たとえば競争相手が少なかったり,需要が供給を大幅に上回ったりしているときは,多少「組織の能力」が未熟でも高い収益力や成長性を享受できることもある.

初期のマルチメディア業界では,勉強しながらお金をいただいていたという企業が少なくない.たとえば,納品時にデモンストレーションをすると,発注者の意図とまったく違う作品であることがときどきある.普通のマーケットであれば,その段階で契約を打ち切られるか,無料で作品をつくり直さなければならない.しかし,揺籃期のマルチメディアの世界では,他にCD-ROMやホームページを制作できる企業が少なかったので,追加料金をもらってつくり直しをすることができた.

また,1980年代,米国のあるコンピュータの設置・修理業者は「我々はライバル業者ほどは不完全ではない」というスローガンを掲げていたという[5].おそらく,当時求められたコンピュータを設置したり修理したりする技術そのものは,自動車のそれらよりも簡単であったに違いない.しかし,コンピュー

---

5) Bhide [1994].

タ技術者の数が絶対的に不足し，需要が爆発的に拡大するなかにあっては，多少，未熟な技術者でも引く手あまたであったということである．

　魅力ある「事業機会」は，しばしば新しい「事業機会」，または未開拓の「事業機会」であることが多い．そのような「事業機会」は従来型の人材では満たされないことが多いので，「人材育成」が求められる一方で，拡大する業務ニーズに育成が追いつかないことは容易に想像できる．労働者派遣法の改正にともなって，さまざまな分野で派遣業の事業機会が拡大したものの，需要に「人材育成」が追いつかないという実態もみられる．経営者としては決して満足できる水準に達しない人材を派遣せざるを得ないという事態はよくみかけることである．

2.3　成長企業の不均衡的発展

　「組織の能力」と「事業機会」はどちらがより重要というものではない．車の両輪であり，どちらも企業が成長するには必要である．しかし，必要であることと，両者がバランスよく均衡していなければならないことはまた別である．むしろ，成長するには両者が不均衡であることが望ましく，均衡は安定をもたらすものの，そこに成長の可能性は少ない．「組織の能力」または「事業機会」のどちらかが大きくどちらかが小さい状態こそ成長の可能性を秘めている．

　もちろん，可能性は現実の成長を約束しない．「組織の能力」に比べて「事業機会」を発見できない場合は，企業はリストラなどによって縮小均衡の道を選択せざるを得ない．また，「事業機会」に比べて「組織の能力」が小さい場合は，成長機会を活かせないだけではなく，資金繰りが悪化して倒産したり，人材不足のために組織が崩壊したり，また取引先の信用を失ってしまったりすることもある．

　たとえば，開発した部品の優秀さが認められて，大手メーカーから発注を受け，製作費用を確保するために，銀行に駆け込んだところ「うちは発注書では融資はできません」と断られ，せっかくの取引機会を逃してしまうことはよくあることだ．さらに，諦め切れない経営者が，一週間ほど金策に走りまわり，結局，資金の確保をできずに，大手メーカーに断りに行くこともある．そこで「できないなら早く言いに来い」と怒られ，今回の取引機会に加えて，次回以

降の受注のチャンスも逃してしまうようなケースである．

　海外の社会問題を調査したり，大型の建築物の設計をしたりするプロジェクト型の事業も，先行する支出を賄う資金の不足で悩まされる．ちょっとしたプロジェクトでも数千万円単位の金額となり，費用の大部分は人件費なので，入金よりも出金が先行する．無理して受注すると黒字倒産になる可能性もある．

　しかし，「事業機会」を活かせる「組織の能力」を獲得できると，それは企業が成長する原動力となる．米国サン・マイクロシステムズ社（以下，サン社）製品の修理を請け負う国内では数少ない企業の1つである，㈱エヌケイテクノ（群馬県大田市，従業員数24人）の社長の小林英一さんは，もともとは自動車プラスチック部品を塗装する会社を経営していた．1983年に開業し，ある程度の蓄えができたら引退しようと考えていたところ，1992年にシリコンバレーの視察に参加して考えが変わった．最先端の情報産業の現場をみて，生来の起業家精神が蘇ったのである．

　まず，今までの事業と情報産業の接点を模索し，とりあえず，古くなったワークステーションのキャビネットの再塗装をはじめ，その取引のなかで，サン社のワークステーションの修理サービスというビジネスチャンスを発見した．その理由の1つは，外国メーカー製ワークステーションの修理サービス態勢が日本ではほとんど確立していなかったこと，もう1つは，ワークステーションに応用される技術は急速に進歩しているので先発企業の技術的陳腐化が激しく，後発企業でもすぐに同じ土俵に立てると思ったからである．

　この事業を実現するための鍵は，最新のワークステーションの修理に対応できる技術者を確保できるかどうかであった．同社のコア技術は塗装であって，今から内部で技術者を養成することはまず不可能だ．しかし，もし，外部から技術者という経営資源を獲得できれば，小林さんが認識した事業機会が活かされる．また，すでにサン社とのパイプはできており，工場も技術者を米国に研修に出している間に建設できる．この場合，人材の確保さえできればすべてがうまくまわる状態であった．

　小林さんは，バブル崩壊で余剰人員を抱えていた大企業の技術者に目をつけ，大手コンピュータメーカー3社に事業計画を説明し，人材提供を依頼し，そのうちの1社から6人の技術者を出向で受け入れることができ，成長のきっかけ

を掴むことができた．

卓越した「事業機会」を認識しながら，それを活かすだけの「組織の能力」がない．もしくは，過去に採用した優秀な人材や株式公開によって潤沢な資金があるにもかかわらず，それを活用する「事業機会」を見いだせないといった状況は経営者が常に直面する問題である．そのようなとき，不足する「組織の能力」に「事業機会」をあわせたり，現状の「事業機会」に優秀な「組織の能力」をあわせたりする縮小均衡の考え方では成長は実現しない．成長は，大きな方に小さな方をあわせていくプロセスである．ガゼルは，経営者の卓越した「事業機会」認識能力によって発見したビジネスチャンスを，不均衡状態にありながらも「人材育成」に代表される「組織の能力」向上によってとらえている企業といえる．不均衡がどのような状態であるかにかかわらず，拡大再生産によって不均衡を解消できる企業が成長という果実を手にすることができる（図1.4を参照）．

2.4　人材満足企業との違い

不均衡が成長の原動力であることをもう少し明らかにするために，過去の経営戦略として「人材育成」に力を入れ，かつ基幹的人材に対する満足度も高い企業（以下，人材満足企業）とガゼルの比較をしてみよう（図1.5を参照）．

図1.4　企業の不均衡発展

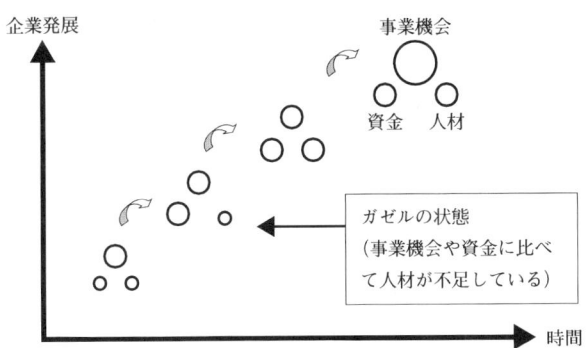

（出所）　高橋徳行［2000］『起業学入門』（財団法人経済産業調査会），p. 196.

人材満足企業は，ガゼルに比べて基幹的人材の不足割合は低い．ガゼルの60.9％に対して人材満足企業は34.5％にとどまっている．しかし，その一方で，売上増加企業割合は22.5％（ガゼルは50.9％），利益増加企業割合は19.8％（同38.0％），事業規模を拡大する企業割合は45.3％（同73.4％）と低く，成長という視点からみると，ガゼルほどの力強さはみられない．

必要な資金を調達できる割合（人材満足企業76.0％，ガゼル75.3％），また競争力が強いとする割合（「強い」と「まあまあ強い」の合計，人材満足企業87.4％，ガゼル82.2％）のいずれにおいても，人材満足企業はガゼルを上回っているにもかかわらず，達成された経営成果はガゼルに比べて見劣りがするのである．

このように，成長企業は，成長しているがゆえに「人材育成」が「事業機会」の発展に追いつかないという性格をもっている．「組織の能力」と「事業機会」が均衡している人材満足企業は，不均衡という要件に欠ける．もちろん，人材満足企業は優秀な人材を数多く抱え，かつ「人材育成」にも力を入れているので，卓越した「事業機会」の認識によって，不均衡状態が生まれ，あらたな成長軌道に進む可能性は秘めている企業でもある．

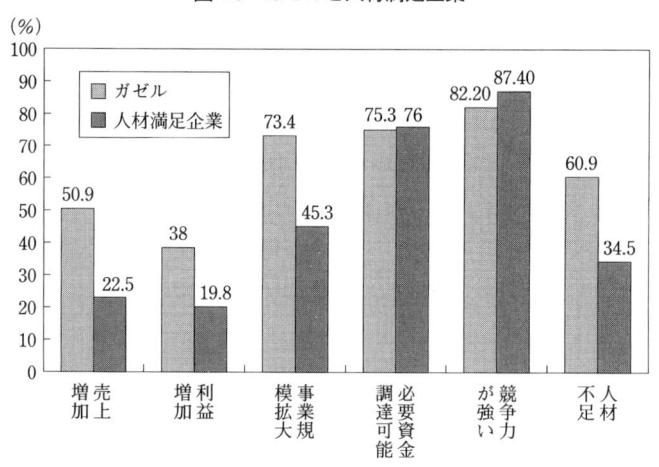

図1.5　ガゼルと人材満足企業

3. 経営活動と人材

3.1 企業の主要活動とは

　前節では成長企業の不均衡という側面に着目した．そこで，第3節では経営戦略の実行性を高める人材に焦点をあてる．人材育成以外の経営戦略に大きな差がないにもかかわらず経営成果に違い生まれる理由を通して，経営活動と人材との関係を明らかにすることが目的である．そのために，まず，企業の主要活動とは何かを考え，次に企業の主要活動と経営戦略の関係，そして最後に経営戦略と人材の関係を検討する．

　企業活動をみるとき，製品開発，調達，生産，マーケティング，販売などの主要活動とそれらの活動を支えるヒト，モノ，カネ，情報，ブランドに代表される経営資源に分けて考えるのが一般的である．ここでは，まず企業の主要活動から成り立つビジネスシステムとはどういうものかを概観し，その後，ビジネスシステムと経営戦略との関係，そして経営戦略と人材の関係とみていく．

　企業が財・サービスを顧客に供給し，対価を通して付加価値を得るまではさまざまな活動が求められる（図1.6を参照）．

　財・サービスを顧客に供給するには，何よりも供給する製品やサービスの原型がなければならないので，第1段階は，製品・サービスの開発である．製造業であれば，研究開発や試作品の製作であり，サービス業であればアイデアや事業計画のようなものだ．高齢者をターゲットにしたタクシーによる病院の送迎サービスをはじめてみようとか，糖尿病など食事療法が必要な人に夕食の宅

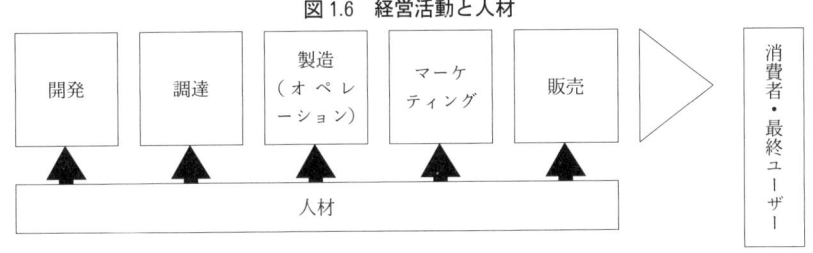

図1.6　経営活動と人材

（出所）Porter, Michael E. [1985] *Competitive Advantage*, The Free Press, p.37をもとに作成した．

配をやってみようということである.

　第2段階は,製品やサービスを組み立てるのに必要な材料や部品の調達や外注先の確保である.理・美容店や学習塾などの知識・労働集約的なサービス業の場合はそれほど重要ではないものの,製造業や卸売業,そして小売業などでは重要な部分である.たとえば,1960年代後半に電卓戦争で名を馳せた,ビジコン㈱(東京都台東区,従業員数6人,小島義雄社長)が,1966年にほかのメーカーの機種よりも15万円も安い「ビジコン161型電卓」を発表し,一気に15%のマーケットシェアを奪ったとき,円滑な部品供給が市場から受けられなくなり,その後の事業展開に大きな痛手を蒙ったことがある[6].

　また,小さな飲食店向けに背ワタなどをとった加工済みの冷凍海老を供給しようとした経営者が,当初,仕入先の確保で苦労したことがある.この業界には閉鎖的なところがあり,新しい業者にはたとえ現金払いでも品物を卸してくれないことがあるからだ.他にも,旋盤加工で独立した人が,フライス加工,研磨,メッキなどの外注先の確保に苦しんだりする話は珍しくない.

　第3段階は,製造やオペレーションといわれる活動である.製造業であれば実際に製品をつくる工程にあたる.また,ハンバーガーショップのマクドナルドであれば,カウンターの後ろの厨房で行っていることがオペレーションに相当する.試作品や事業計画にしたがって,製品やサービスを「生産」したり「組み立て」たりする活動のことである.

　第4段階は,流通チャネルや物流チャネルの確保である.製品やサービスを実際のユーザーや消費者のもとに届ける機能である.飲食店であれば,厨房からお客さんの席に料理が運ばれる風景を思い浮かべればよい.おいしい料理も,無愛想な表情で乱暴にテーブルに並べられたりすると価値は半減する.工作機械などの部品供給業者であれば,この物流機能は決定的に重要だ.部品不足のために,取引先の機械が止まるロスは非常に大きいからだ.

　最後は,マーケティングである.マーケティングには,販売店などの流通チャネルにはたらきかけるプッシュ戦略とターゲットする最終ユーザーや消費者にはたらきかけるプル戦略がある.結婚式の引出物を販売している会社の場合,

---

6) 小島 [1999].

ホテルや結婚式場に営業活動に行くのはプッシュ戦略，これから結婚するカップルが読みそうな雑誌に広告を載せたりするのはプル戦略になる．顧客開拓の要となる活動である．

ほかにも，アフターサービスを含めたり，販売とマーケティングを分けたりするなど，企業の主要活動のとらえ方は業種や活動形態によっていろいろなパターンが考えられる．いずれにせよ，企業は，製品開発，調達，生産，マーケティング，販売などの主要活動をコーディネートすることによって，はじめて財・サービスを顧客のもとに届けることが可能になる．このような一連の主要活動の組み合わせをここではビジネスシステムと呼ぶことにする．

3.2 企業の主要活動と経営戦略

企業が企業の主要活動をどのように組み合わせるか，つまりビジネスシステムのデザインは経営戦略によって決定される．

たとえば，居酒屋の経営において，低価格指向のニーズに応えるならば，調達や厨房（オペレーション）の機能を強化しなければならない．大量仕入れによって調達コストを下げたり，セントラルキッチンを導入することによって加工コストを下げたりするためである．

しかし，料理とお酒をゆっくり楽しみたいというニーズに応えようとするならば，調達や厨房（オペレーション）に力を入れるにしても，それは大量仕入れやセントラルキッチンではなく，吟味した材料の仕入れであり，手をかけた料理をつくることになる．また，低価格指向のニーズに応えた居酒屋と決定的に違うのは，厨房（オペレーション）の後にくるサービスの部分である．気の利いた会話や落ち着いた雰囲気の演出が重要になってくるであろう．

また，企業はすべての主要活動を内製化できないので，独自性を強調するところは自前で行い，その他は外製もしくは外注するという決定をしなければならない．たとえば，ナイキは製品開発とマーケティングに優れた企業である．そのため，製品開発とマーケティングは自前で行っているが，自社では靴もスポーツウエアもつくっていない．つくっているのは協力工場であり，自社は製品開発とマーケティングに特化し，製造や販売は他の企業に任せている．

経営戦略が異なると同じ業種でもビジネスシステムが変わる．ビジネスシス

テムは経営戦略にしたがうものであり，経営戦略が具体的なかたちになったものがビジネスシステムであるからだ．

　企業活動のなかでもっとも目に触れやすい部分は，提供される製品・サービスとはいえ，製品・サービスそのものが決定的な競争力をもたらすケースは少ない．たとえば，「六甲のおいしい水」（推定マーケットシェア15％）と「南アルプスの天然水」（推定マーケットシェア35％）の販売量の違いは製品そのものでは説明できない．ブランド戦略に代表されるマーケティング活動，小売店対策を含む流通チャネル開拓活動，製造過程における効率性や品質管理にかかるオペレーション活動の違いがトータルとしての競争力に反映されている．つまり，ビジネスシステムのデザインが企業の競争力の決定に大きな役割を果たす．経営戦略をもとに具体的なビジネスシステムを設計できるかどうかは，経営者にとって重要な能力の1つである．

　流通部門が強いある家電メーカーは新製品をみずから積極的に開発しようとしない，とよくいわれる．遅れて市場に投入しても強い流通チャネルをもっているので，すぐにマーケットシェアを回復できるからである．反対に，流通チャネルが弱い企業は，製品開発力を強化するか，またはデル・コンピュータのように，インターネットを通して販売するなど，新しい流通チャネルを開拓しなければならない．ひと昔前，流通のトヨタ，開発のホンダということもいわれた．同じ業種の企業でも，ビジネスシステムのどの部分に力を入れるかは経営戦略によって異なる．

　ウォルマートやシアーズなどの米国のスーパーマーケットに行くと，入り口を通って一番目立つところにあるのは返品カウンターである．大抵，何人か行列をつくっている．ラジカセの右のスピーカーから音が出なかったり，電気スタンドのスイッチを入れたとたんにガラス製の傘が割れてしまったりとかそのようなことが頻繁にあるからだ．これは，ビジネスシステムでいうと，アフターサービスにウェートを置いた設計になっている．一方，日本のスーパーマーケットやデパートに行っても，返品カウンターは簡単に見つからない．返すのも手間がかかる．少なくとも，レシートを見せると，現物のチェックもしないで返金するようにはなっていない．その代わり，不良品は少ない．これはオペレーションの一部分である品質管理に重点を置いたビジネスシステムの設計に

なっているからだ．これも同じ業種でありながら，経営戦略が同じではないためにビジネスシステムの設計が異なっているケースである．

3.3 経営戦略と人材

　このように，いかなる経営戦略のもとでどのようなビジネスシステムをデザインするかは企業間競争において決定的に重要である．優位性のあるビジネスシステムをもつ競争相手と戦っても勝ち目はないからだ．たとえば，自動車販売台数が伸び悩むなかで，売上を順調に伸ばしているあるカーディーラーは，中古車を販売すると同時に，夏の間に使わないスノータイヤを預かり，一般のガソリンスタンドでは1,000円くらいかかるオイル交換を半額で行い，洗車も会員には1回100円でさせて，車検もほとんど原価で引き受けている．同社の場合，スノータイヤを預かること，オイル交換，洗車，そして車検という事業で収益をあげる必要はない．それらのサービスによって，中古車の顧客を集め，そこから利益を出している．オイル交換や車検で主たる利益を生み出そうとしている同業者は「あんな儲からないサービスをして」と批判はするものの，ビジネスシステムが異なるので，まともに戦っても勝ち目はない．

　それでは，成長企業のビジネスシステムをそのまま真似することは可能であろうか．ある居酒屋がお客の来店したときの挨拶からはじまり，注文の取り方，料理の出し方，お皿の片付け方，勘定の受け取り方に至るまで，非常に丁寧な対応によって，売上を伸ばしているとしよう．ビジネスシステムのサービス部門に力点を置いた経営である．確かに，どのような接客を行っているのかは，何回か覆面で同業者を訪れることによって知ることはできる．しかし，翌日からのミーティングで従業員にその通り実行しなさいといってもそれは無理である．今まで，挨拶もできず，料理も乱暴にテーブルの上に置いてくることしかできなかった従業員が急に接客態度を変えることはできない．また，研修を毎日行っても，経営者が満足できる水準に到達できるという保証もない．従業員が経営者の描いたイメージどおりに動いてくれなければ，どんなに完璧なビジネスシステムであっても，それは「絵に描いた餅」のままであり，けっして「食べられる餅」にはならない．

　最近では，塗装業の仕事は新築需要よりもリフォーム需要が伸びている．リ

フォームの場合，塗装職人は仕事している間，家の人から「最近，雨漏りがして困るのだけれど」や「ついでに水回りも直してもらえない？」といった要望を受けることが少なくない．そのとき，「俺は塗装職人だ．配管のことはわからない」と無愛想に突き放してはビジネスチャンスは逃げてしまう．仮に，その会社で対応できなくとも，他の企業に仕事をまわすことで，総合リフォーム業に転換することは可能である．経営者がどんなに業態転換の必要性を説いても，従業員が昔ながらの態度を変えなければ，新しいビジネスシステムは実現されない．

　日商調査において，ガゼルも調査企業全体も，ほぼ同様に「新製品・新サービスの投入」や「マーケティングの強化」に力を入れてきたにもかかわらず，売上や利益に代表される経営成果に大きな違いが生じた．この1つの要因として，「絵に描いた餅」を「食べられる餅」に変える人材の違いが考えられる．だからこそ，「人材育成」の取り組みにもっとも大きな違いがみられる．

　情報化が進み，成長企業がどのような経営戦略のもとでどのようなビジネスシステムを構築しているのかは競争相手からもみえやすくなっている．そうなると，競争力は経営戦略やビジネスモデルのデザインよりも人材の質で決定されるようになる．

　沖縄旅行に特化することによって特定路線の仕入れコストを抑え，業績を伸ばしている旅行代理店では，通常はツアーオペレーターに任せる現地ツアーを同社の現地事務所で対応している．その理由は2つあり，1つは外注している他社よりも時間やコースの設定が自由にでき，稼動率を一定水準以上に維持できると値段も安くできるからだ．もう1つは，クルージングや釣り，そしてダイビングなどの現地ツアーに必要不可欠な船を自社で保有することができるからである．一般にみずから船を所有する中小旅行会社は珍しい．エンジンなど機械のメンテナンス費用の負担が大きいからである．しかし，この会社では船舶一級免許をもち，エンジンなどのメカニズムにも詳しい従業員の能力を活かして，この問題を解決している．同業他社が同社の仕組みを真似しようとしても，船舶に詳しい社員を得られなければ，ビジネスの仕組みのデザインはできても実現することはできない．

　かぼちゃ料理を主体としたレストランや喫茶店を経営する，㈱イエローパン

プキン（愛知県日進市，従業員数100人）は，創業して間もないときは，ごく普通の喫茶店であり，売上が予定の半分も達成できずに苦労した．その時，社長の石川洋光さんはテレビでTBSの「世界の子供たち」という番組のなかで，米国のオハイオ州にある，食べ物も建物もすべてかぼちゃのイメージで統一されたパンプキンビレッジという人口2,000人程度の村の存在を知った．「これだ」と思い，お金に余裕のないときではあったが，自分の目で実際にその村を確かめるため，早速米国に飛び立った．そして，帰国した後，あっという間に100種類以上のかぼちゃ料理のメニューをつくってしまった．

　かぼちゃを売り物に他の喫茶店との差別化をはかろうとしたのだから経営者としては当然であろう．しかし，ここで反対したのが調理場のメンバーである．そんなに多くのメニューに対応すると調理場が混乱するというのである．これも正論である．ここに経営戦略と人材の間に対立関係が生じた．

　そこで，石川さんはとった対応は次のようなことである．彼は，「100種類のメニューがあるから，いつも100種類の料理をつくらなくてはならないというのは固定観念にとらわれた発想だ．料理名の横に◎，○，△，☆という記号をつけて，◎は当店のおすすめ，○はレギュラー料理，△は少し時間がかかります，☆は予約が必要としておけば，注文のほとんどは◎と○に集中する．そうなれば，実際につくるのは30種類くらいになるはずだ」といって，調理場のメンバーを説得してしまった．この説得が成功したことによって，はじめて石川さんの「絵に描いた餅」が「食べられる餅」に変わったのである．

4. おわりに——ガゼルの人材育成

4.1 高次元の欲求への対応

　企業が成長するには，卓越した「事業機会」と「組織の能力」が必要であり，両者は不均衡な状態を発展的に解消しながら，あらたな不均衡な状態を創造し，拡大再生産を続ける．その際，「人材育成」は決定的に重要な役割をもつ．それでは，ガゼルの人材育成にはどのような特徴があるのか．

　人材育成において，モチベーション（働く動機や理由）とインセンティブ（働かせる仕組みや動機づけ）の関係は決定的に重要であり，経営学ではしばし

ば両者の関係を，米国の心理学者であるアブラハム・マズローの欲求階層説にもとづいて展開する[7]．マズローは人間の欲求を，(1) 生理的欲求，(2) 安全欲求，(3) 愛情欲求，(4) 尊厳欲求，(5) 自己実現欲求の5段階に分けた．人間は生理的欲求から自己実現欲求へとより高次元の欲求階層に移動するものであり，そのなかで自己実現欲求がもっとも人間的な欲求としている．

この5段階から成る欲求を企業で働く従業員のモチベーションにあてはめると，(1) 生理的欲求＝年収・労働時間，(2) 安全欲求＝雇用の安定・福利厚生，(3) 愛情欲求＝所属意識，(4) 尊厳欲求＝認知，(5) 自己実現欲求＝裁量となるであろう（図1.7を参照）．

日商調査では，企業経営者を対象にした調査に加えて，転職した従業員を対象に従業員調査を実施しているので，企業調査と従業員調査でマッチングが可能なデータを使い，マズローのフレームワークのもとで，ガゼルに勤務する（転職した）従業員の特徴を調査企業全体と比較してみたい[8]．

現在の会社に勤めた理由では，「やりがいのある仕事ができるから」が，全体平均と比べてもっともプラス方向に乖離幅が大きい．ガゼルの40.4％に対して平均は31.0％である．一方，「賃金がよかったから」はガゼルは9.2％と

図1.7 マズローの欲求階層説とモチベーション

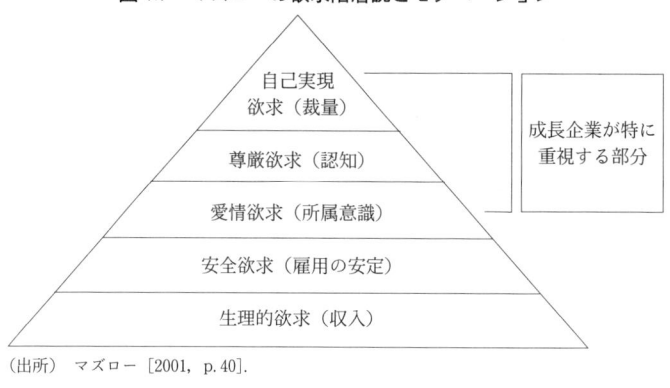

(出所) マズロー [2001, p.40].

---

7) マズロー [2001]．
8) 企業調査と従業員調査の企業ベースのマッチング作業は黒澤（本書第5章執筆者）が行った．

表 1.5　現在の会社に勤めた理由（複数回答）

項目	ガゼル(%)	全体(%)	ガゼルと全体の差 (%ポイント)
賃金がよかったから	9.2	11.7	−2.5
労働時間が短いから	9.2	8.5	0.7
福利厚生がよかったから	8.5	7.4	1.1
管理職になれる見込みが高かったから	5.0	3.1	1.9
これまでと同じ仕事ができるから	29.1	24.6	4.5
やりがいのある仕事だから	40.4	31.0	9.4
モノづくりが好きだから	10.6	9.1	1.5
知人・友人・先輩がいるから	14.2	10.4	3.8
会社の将来性があるから	21.3	15.4	5.9
評判が良い会社だから	12.1	11.8	0.3
社長の人柄が気に入ったから	14.2	17.8	−3.6
転勤がないから	8.5	13.6	−5.1
前勤務先における倒産・廃業・リストラ	11.3	11.1	0.2
地元出身だから	17.7	16.0	1.7
家業を引き継ぐから	0	2.4	−2.4
その他	8.5	11.8	−3.3

全体平均の 11.7% をむしろ下回っている（表 1.5 を参照）．生理的欲求よりも高次元の欲求を求めて入社している状況が伺われる．

　また，入社後，ガゼルの従業員は現在の仕事に対する満足度は高い．満足している割合（「非常に満足している」と「ほぼ満足している」の合計）は，全体の 55% に対してガゼルは 61% である（図 1.8 を参照）．やりがいを求めて入社し，実際に現在の仕事にも満足しているのである．

　それでは，総合的な満足はどこからくるのであろうか．日商調査では，仕事内容や労働条件に関する現在の満足度（満足している割合）も尋ねている．ガゼルが全体よりも高い項目は，プラス方向に乖離幅の大きい順番で「能力発揮の程度」（ガゼル 43.3%，全体 34.9%：乖離幅 8.4% ポイント，以下同じ）「通勤時間の長さ」(61.0%, 53.5%：7.5% ポイント)，「職場の人間関係」(50.4%, 43.4%：7% ポイント)，「定年の年齢」(34.8%, 29.6%：5.2% ポイント)，「仕事の担当範囲」(45.4%, 40.8%：4.6% ポイント)，「仕事の負担度」(34.8%, 30.8%：4% ポイント)，「仕事上の責任の重さ」(39.0%, 35.5%：3.5% ポイント)，「年収水準」(25.5%, 22.7%：2.8% ポイント) である．一方，マイナス方向に乖離している

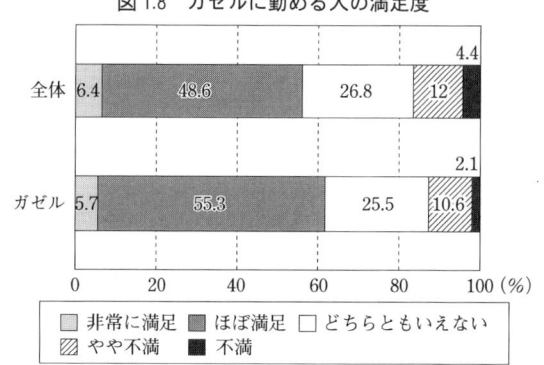

図1.8 ガゼルに勤める人の満足度

表1.6 仕事内容や労働条件の満足度

	ガゼル(%)	全体(%)	ガゼルと全体の差 (%ポイント)
能力発揮の程度	43.3	34.9	8.4
通勤時間の長さ	61.0	53.5	7.5
職場の人間関係	50.4	43.4	7.0
定年の年齢	34.8	29.6	5.2
仕事の担当範囲	45.4	40.8	4.6
仕事の負担度	34.8	30.8	4.0
仕事上の責任の重さ	39	35.5	3.5
年収の水準	25.5	22.7	2.8
部下の人数	21.3	21.4	−0.1
労働時間の長さ	32.6	35.6	−3.0
福利厚生の充実	27.0	31.4	−4.4

のは3項目であり,「福利厚生の充実度」(27.0%, 31.4%：−4.4%ポイント),「労働時間の長さ」(32.6%, 35.6%：−3%),「部下の人数」(21.3%, 21.4%：−0.1%ポイント)となっている(表1.6を参照).

 以上の調査結果を,マズローの欲求階層説のどの部分に相当するのかにあわせてみると,ガゼルに勤めている従業員は,生理的欲求という根源的欲求よりもより高度な欲求階層で高い満足を獲得し,その結果,総合的な満足度が高まっているといえるだろう.つまり,「能力発揮の程度」(自己実現欲求＝裁量),「職場の人間関係」(愛情欲求＝所属意識),「定年の年齢」(安全欲求＝雇用の安定・

福利厚生），「仕事の担当範囲」（自己実現欲求＝裁量）の4項目が上位5項目に入っている．一方，生理的欲求に相当する項目は，「通勤時間の長さ」は例外として，「年収水準」，「仕事の負担度」，「労働時間の長さ」はガゼルと全体の間に大きな差がないか，もしくはマイナスの乖離が生じており，総合的な満足度にはさほど影響していない．

　このように，ガゼルの従業員は，高い次元の欲求階層において高い満足度を得ることによって，総合的に高い満足度を得ている．このことは裏を返せば，ガゼルは高い次元のモチベーションに応えることに成功している企業である．この際，年収の水準は大きな影響をもっていない．また，実際問題として，成長企業がその過程で高い年収を支払うことは容易ではない．それは成長過程においてキャッシュフローは不足するものであるからだ．このことを簡単にみてみよう．

　売上高に対する総資産割合や在庫割合などが不変のまま，企業の売上が2倍になると，内部留保によってまかなわれる資産は資産収益率（総資産に対する利益率）に限られるので，たとえば資産収益率が15％の場合，残りの85％は外部資本によって補わなくてはならない．もちろん，買掛金の増加や売掛金の減少などの取引間信用の活用，在庫や資産の圧縮で対応することは可能であるものの，長期的には成長に見合った外部資金導入が求められる．しかも，現実には成長期には，オペレーション技術の未成熟などによって売上の増加ほど利益は増えず，しかも利益には税金が課せられる．そのため，キャッシュフローは不足がちとなり，人件費には抑制圧力がかかる．このため，成長期の企業が「年収」をベースに従業員をひきつけることは経営的にも危険なことであり，別の次元で働く魅力を提示しなければならない．その意味で，ガゼルがより高い次元の欲求に応えるという人材育成の方針は理に適っている．

　宮城県の酒造メーカーである㈱一ノ蔵（従業員数92人）のヒット商品の1つに「姫膳（ひめぜん）」という低アルコール酒がある．これは入社したばかりの女子社員2名によって開発された商品である．この「姫膳」が発売される前に，同社では「あ，不思議なお酒」という低アルコール酒を女性客の獲得を狙ってワイン風のボトルに入れて販売した．しかし，良い結果が得られず，それを見た女子社員が「伝統的なお酒をなぜわざわざワインボトルに入れて売り出

すのですか」と，鈴木和郎社長（当時）に食い下がった．「それならやってみなさい」と鈴木社長が応えたことがヒット商品の開発につながった．「姫膳」は，日本酒らしいボトルに詰められ，大きさは720ミリリットルではなく500ミリリットル，味は女性向けだからといって甘口にせず，むしろ酸味を強調したものとなっている．鈴木社長は販売に先立つイベントもすべて任せ，この成功体験によって女子職員の活躍の場は一気に広がった．入社年次や性別にとらわれず，思い切って裁量を与えたことが人材育成につながったケースである．

　また，島根県のある建設コンサルタント事務所では，若い従業員を対象に権限委譲を大胆に進めて優秀な人材をひきつけ，成長している．具体的には，入社後，日の浅い20歳代後半の人にもクライアントをもたせ，契約前の交渉からアフターケアまで担当させている．業界の一般的な方法では，若い人はベテランの補佐役に徹し，図面を引いたり指示された仕事のみを担当することが多い．しかし，同社ではある程度のリスクを承知のうえで，若い従業員に裁量をもたせることでモチベーションを引き出している．

4.2　高次元の欲求とリーダーシップ

　ガゼルは，仕事の内容や労働条件に関する満足度から判断すると，マズローの欲求階層説における高次元の欲求に応えることによって人材育成を行っている企業である．裁量を与えたり，職場の良好な人間関係を構築したりすることによって，従業員の満足度は改善され，それによって生産性が上昇し，成長の原動力となる．このことは，裏を返せば，高次元の欲求に応えなければ成長機会を掴めないということでもある．

　成長機会は従来事業の延長線上にないことが多い．営業エリアを拡大したり，新製品・新サービスを開発したり，新しいマーケティング方法に挑戦したりすることによって，成長機会は生まれる．しかし，働く側に目を向けると，㈱一ノ蔵の女子社員のようにみずから進んで新しい試みに挑戦しようとする人ばかりとは限らない．むしろ，当初は嫌がる人が多い．たとえば，パンや菓子を焼くオーブンや醗酵室を製造・販売している企業が，単にパン屋さんに売るだけでは同業他社と差別化ができないので，設置した後も新しい製品情報をや繁盛店の情報を提供することによってアフターサービスに力を入れていこうとして

も，「どうしてそんなことをしなくてはいけないの？」と従業員にそっぽを向かれてしまえば実行できない．新しい事業の意義や方向性に従業員ひとりひとりが共感をもたなければ何もはじまらない．そのとき，経営者に求められるのは，リーダーシップである．いかに新しい方向を向いてもらうかということである．

この問題を企業事例によって考えてみよう．

栃木県大田原市に本社がある，電子機器の組立・加工をしている㈱アイ電子工業（高橋徳経社長，従業員数165人）は，高橋さんが1980年に創業した会社である．夫婦2人でスタートし，創業12年目には従業員数100人くらいの企業に成長した．しかし，その年，売上の4割を占めていたリレー（継電器：電流の開閉を行う装置で，電話の交換機や自動車のパワーウインドーなどに使われているもの）の注文が，1ヶ月前に通知を受けた後，中止になってしまった．

そこで，新しい事業に着手する．新事業はライターにスポーツチームのロゴの入ったフィルムで巻いて熱をかけて圧着する仕事である．このラインをたちあげるために，本業（電子部品の組立）部門から5人ほど人を出してもらった．どんな従業員かというと，①耳の不自由な女性，②働き方がゆっくりな人，③定年退職をしたばかりの男性，④日本語をまだ修得していない中国人，⑤70歳過ぎの男性である．彼ら（彼女）5人は，新しいラインに配属された当時，まったく働く意欲がみられなかった．しかし，高橋さんがリーダーシップを発揮することによって，この5人が3〜4ヶ月の間に貴重な戦力に変わっていった．

一体，この5人はいかにして一所懸命働くようになったのか．まず，耳の不自由な女性は，最初，9時に出社して15時に帰ってしまう人であった．しかし，高橋さんが必死で身振り手振りで教え，根気良く，筆談を通してコミュニケーションをはかる過程で，彼女は一生懸命働くようになったのである．

働き方がゆっくりな人は，高橋さんが忙しくてどうしても手が離せない時，新人に（高橋さんに代わって）作業手順を教えるように依頼した．彼は一通りのことを教えたのであるが，どうしても教えられたほうの作業スピードがどんどん速くなる．それを見た彼は「先生」が「生徒」に負けてしまってはいけないと思ったのか，ただひたすら必死に汗をびっしょりかいてがんばるようにな

った．その結果，とうとう，その工程の作業スピードでナンバーワンになった．

　定年退職をしたばかりの人は，決して残業を手伝おうとしなかった．定時になると疲れたと言ってさっさと帰ってしまうような人であった．しかし，社長みずから毎日ライターのケースを抱えて走りまわっている様子をしばらくみて，（ライター250個入りのケースを3～4ケース抱えると，50～60キログラムくらいになる）彼の方から自主的に「手伝いましょうか」と声をかけるようになり，その後，協力的になった．彼は，あるとき，「社長，ライターの箱詰め作業の競争をしましょう．負けたらお銚子1本だよ」と声をかけてきて，高橋さんはまさか負けると思わないでやってみると，何回やっても負けた．よくよく観察してみると，高橋さんは片手で，彼は両手で作業をしていた．そこで，翌日の朝礼のときに，ほかの人もこの人を見習うようにと発表した．自信を取り戻した彼は見違えるように一生懸命働くようになった．

　日本語をまだ修得していない中国人は，はじめ黙って作業を見ているだけだった．そして，何も手伝わなかった．あるとき，「おはよう」って中国語で何ていうの？と尋ねたら，「サオワン」と言ったので，翌朝，会ったとき「サオワン」と声をかけた．すると，今まで見せたこともないような笑顔になって，その後，間もなく，箱詰めの作業をみて不良品があることを中国語で指摘しはじめた．最初は何を言っているのかわからなかったが，実際，調べてみると，不良品（ラベルが脱落したまま加熱していた）があったので，どうしてわかったのかを聞くと，ずっと今まで工程全体をみていたのでわかったという返事が返ってきた．とても5メートルも離れたところでは見えない不良品である．これには高橋さんも驚いた．

　70歳過ぎの男性は，あるとき，隣に座っている女子高校生の手もとを見てボーとしている．「どうしたの？」と聞くと白魚のような手を見てうっとりしていたという．それから，鼻水をすすりながらルンルン気分で作業をしている．人間はいくつになっても異性がいると仕事をするものだと感心した．

　高橋さんが行ったことを整理すると次のようになる．耳の不自由な女性に対しては根気良く筆談を通して仕事を教え，働き方がゆっくりな人には人を指導する役割を与え，定年退職をしたばかりの男性には対して，言葉で指示するのではなく態度で教え，日本語をまだ修得していない中国人には少しでもコミュ

ニケーションをはかるために中国の挨拶を覚え，70歳過ぎの男性が女子高校生の手をじっと見ていても怒ったりはしなかった．つまり，所属意識をもたせる，相手を尊重する（認める），裁量をもたせるという高次元の欲求に応えることによって共感を引き出し，新しい事業（ライン）への参加意識を高めたのである．

　高次元の欲求に応え，リーダーシップを発揮するといえば，何か「ものすごい」ことをしなければならないように聞こえることもある．しかし，基本になることは決して特別なことではない．ひと言でいえば，従業員を注意深く観察し，コミュニケーションをしっかり行う地味な努力がベースにあり，そのような経営者の姿勢が成長に必要な人材を育てることにつながる．

4.3　多種多様な人材育成策

　事業機会が企業成長を牽引する局面があるにしても，人材が育たなければ成長は長続きしない．また，優れた人材が新しい事業機会を認識し，それを実行することによって企業は成長する．いずれにせよ，人材が企業成長の要であることは間違いない．しかし，具体的な人材育成策となると，それは企業の事業分野と同様に多種多様である．人材育成策に関して明確な方針をもたない中小企業が多いなかで，成長企業はいかにして従業員の能力を引き出そうとしているのであろうか．

　新潟県のあるオートバイ販売店では，少しでも早く仕事を覚えられるように，店頭在庫のチェックリストや一覧表を新人につくらせている．商品のなかには，今後仕入れをしない売り切り商品もあれば，在庫を積んで積極的に販売したい商品もある．こうした判断の最終責任者は店長ではあるが，個々の従業員がふだんからチェックリストをつけることで，顧客のニーズを知り，仕入れや在庫管理に対する提案能力が高まる．また，商品ごとの販売技術をみると，初歩的なものは顧客が選んだものを包んで渡すだけの商品である．次に，ヘルメットやスーツになると顧客に合ったサイズを探すことが必要になる．これがタイヤでは，顧客のバイクに合う型式のなかから，走りの軽さや路面のとらえ方について顧客の好みに応える能力が求められる．同社では，入社間もない女性職員にも最終段階の販売に耐えられるように，タイヤの型式ごとに適合車種や走行

特性をまとめた一覧表をもたせている．
　富山県で農業用設備や肥料を販売している会社では，代表者は「個人企業の経営体」を目標として，権限委譲を積極的に進めている．機械の営業では，受注価格の決定，外注先の選定や外注費の決定，利益率や納期の管理をすべて担当者に任せる．また，独特のインセンティブとして，役職に応じて貸与する営業車を変えている．営業のチーフが1500ccクラスの車であれば，次は2000ccクラスの車として，車には社名を入れないで休日でも使えるようにしている．
　神奈川県で多店舗展開を進めている美容院は技術の到達レベルに基準を設けることによって人材育成をはかっている．同社では，中高生のカット・パーマができるようになるとジュニアスタイリスト，大人のカット・パーマができるようになるとスタイリストと呼ばれる．新卒者がジュニアスタイリストになるには1年半～2年，スタイリストになるには4～5年を要する．試験官は社長と店長2名，そして教育担当のチーフである．試験内容はシャンプー，マッサージ，カラーリング，ワインディング，カットの科目ごとに行う．それぞれの分野で優れた技術をもつ従業員をトレーナーに指名しており，科目ごとにトレーナーが異なる．一般には，1人のトレーナーがすべてを教えることが多いという．ジュニアスタイリストになるまでには，1回2時間半，週2回のトレーニングがある．トレーニングは夜8時の閉店後からはじまるので，新人が店を出るのは夜11時以降となる．
　従業員数は20人以下でありながら，年間数百万円の予算を使って従業員の資格取得を支援している企業もある．二級建築士を取得するには，仕事をしながら毎日夜間の専門学校に通って1年間みっちり勉強しなくてはならない．当然，残業は難しくなるが，受験者に対しては，他の従業員が協力し，同僚同士で仕事を割り振るようになっている．年間80万円程度の学費は，1回目は全額企業負担，2回目は半額負担，そして3回目からゼロになる．
　女性社員を基幹的人材として活用している精密機器の組立工場では，協調性やチームワークを乱す社員はどんなに技術が優秀でも解雇する．過去に，能力のある若い女性社員が次々に辞めるという事件が発生したとき，自分より仕事ができる後輩を中傷する先輩社員の存在が明らかになった．その先輩社員を解雇したことで，約半数の女性社員が辞めるという事態が発生したものの，社内

の雰囲気は改善された．

　このように業種や経営者の考え方によって，人材育成策は千差万別である．また，規模の小さい企業は大企業のように体系的な研修体制を有しているわけではない．しかし，中小企業でも成長している企業は誰にとってもわかりやすい人材育成策，もしくは経営者が人材育成に関する哲学をもっている．この企業に入社すると，どのような能力開発の機会があり，どうすれば自分を活かすことができるかを知ることができる．

　また，経営者の個性が色濃くあらわれる中小企業では，企業と従業員の相性も重要である．東京都の重機メーカー用の金属プレートを販売している企業では，営業マンのベースアップに能力給を一切導入していない．経営者が営業マンの能力差を判断して昇給に差をつけたとしても，判断した能力差を全員が納得せず，不平不満の温床となり，全体の士気に影響するからだ．その代わり，週1回の営業会議では，午前中いっぱいを使い，営業成績の悪い人に対してどのようなフォローアップが必要かを全員で考える．この過程で，一匹狼的な仕事を好む従業員は自主的に辞めていく．

　先に述べた女性社員の活用に意を払う企業は，昇給通知には経営者の思いをラブレターのように書いている．「当社はひと皮むいても，ふた皮むいても，さらに三皮むいても十分やっていける．玉ねぎのようにいくら皮をむいても，新しい芽（人材）が出るような会社に育てて行きたい．そのためには，先にそのような先駆者が必要です．一緒にがんばろう」といったメッセージである．もちろん，このような配慮に感動する人もいればそうでない人もいる．しかし，感動する社員は経営者の価値観に共感するので，満足度も高まり，貴重な戦力に育っていく．

　たまたま「優秀な」人材を得て成長している企業がないわけではない．しかし，一般に人は育てなければ育たないものであり，その大前提として，まず経営者が人を育てようと思い，またその考え方や方針をわかりやすいかたちで従業員に伝えなければならない．しかし，当然と考えられることが多くの企業では実行されていない．だからこそ，経営成果にバラツキが生まれている．また，個別具体的な人材育成策の良し悪しは，特定企業における経営者と従業員の相性で決まるので，他の企業で成功したことが別の企業では機能しないことは珍

しくない．大切なことは，自分の企業で働く従業員を注意深く観察し，コミュニケーションをしっかりとることによって，自分の企業にあった人材育成を行うことである．

参考文献

Bhide, Amar [1994] "How Entrepreneurs Craft Strategies That Work", *Harvard Business Review,* March-April.
Bygrave, William D., ed. [1997] *Portable MBA in Entrepreneurship,* John Wiley & Son, Inc.
小島義雄［1999］「わが挑戦の日々」『経営者会報』1999年10月号，日本実業出版社．
マズロー，A. H.（金井壽宏監訳）［2001］『完全なる経営』日本経済新聞社．
Storey, D. J. [1994] *Understanding The Small Business Sector,* Routledge.
安田武彦［2001］「企業成長と企業行動，加齢効果」『国民生活金融公庫調査季報』第59号．

第2章　人材育成がカギを握る中小企業の成長

玄田有史・佐藤博樹

1. はじめに

　企業を構成する経営資源は，カネ（資本），ヒト（人的資源），モノ（生産設備，原材料など）の3つからなる．これらの要素に情報を加えることもある．企業内部で経営資源が不足する場合，企業はそれらを資本市場，労働市場，生産財市場など企業の外から調達する．しかし企業活動に必要な経営資源が，必要なときに必要なだけ，企業の外から調達できるとは限らない．このことはとりわけ人的資源にあてはまる．企業の競争力を支える経営資源は，他社と差別化されたものであるとすると，企業内での人的資源の開発が不可欠となる．フェファーは，人材育成によって社員の能力の有効活用が進み，模倣困難な組織，実行力の高い組織の実現が可能になることを述べた（Pfeffer [1998]）[1]．その結果，企業内における人的資源の開発すなわち人材育成が企業の経営戦略として重視されることになる（稲上・八幡 [1999] など）．

　しかし中小企業においては，人材の流出入が激しいことなどから，人材育成を重視する企業が少なく，企業内の能力開発体制も十分でないとの認識が一般にある．果たして，このような理解は正しいものなのか．この点をデータから検討し，中小企業における人材育成の現状と課題を明らかにする．

　本章では，他の章と同じく，「特定ニーズ調査」で収集されたデータをみる

---

[1]　ジェフリー・フェファー『人材を生かす企業：経営者はなぜ社員を大事にしないのか？』（佐藤洋一訳，トッパン出版，1998年）．この本はトッパン出版の廃業により，2002年現在，絶版となっている．なお，本書の事例分析編に相当するチャールズ・オライリー，ジェフリー・フェファー『隠れた人材価値：高業績を続ける組織の秘密』（長谷川喜一郎監修・解説，廣田里子，有賀裕子訳，翔泳社，2002年）が刊行されている．

ことで，人材育成または能力開発の取り組みとその効果を検討する（以下では，人材育成と能力開発は，同じ意味で用いている）．

多くの企業で収益の低下がみられるなかで，人材を育成することへの自信が揺らいでいる．能力開発にしてもコアとなる人材だけに集中し，それ以外は企業外部の労働力を市場の状況に応じて柔軟に調達することが望ましいといわれる．収益アップには，ときには雇い続けてきた人員の大量整理という意味での「リストラ」が不可避という考えすらある．今後，離転職の活発化するという予測のなかで，学校教育や労働者本人の主体的な努力による能力開発の必要性が強調される．それに比べ，企業内での人材育成が重要になるという視点は，弱い．

しかし，本章から得られる結果を先取りすれば，雇用機会が質的かつ量的に向上するためには，人材育成の重要性が，高まることはあっても，低まることはけっしてないといえる．実際，成長志向にある中小企業は，人材育成を重要な経営戦略として位置付け，能力開発に積極的に取り組んでいる．育成によって基幹人材の仕事上の能力に関して高い満足を得ることができ，結果的に雇用機会も拡大している．そこには人材育成と雇用創出の好循環が生じているのである．

しかしその一方，指導者などの人的資源が不足する，または資金調達難により事業を人的資源の稼動に頼らざるを得ず，育成時間を確保できないといった理由から，人材育成をしたくても実現できない企業も多い．今後，企業の人材育成の取り組みが弱まった場合，企業は人材育成に消極的にならざるをえず，結果的に従業員の仕事への満足度は低下し，雇用機会も減少するおそれがあることも本章は指摘する．

本章の構成は，以下の通りである．次節では，まずどのような企業が能力開発に積極的であるかを調べ，人材育成の経営戦略のなかでの位置付けを概観する．そのうえで，育成の価値をどう企業が評価し，誰に対して能力開発を行おうとしているのかを確認する．第3節では，能力開発に取り組むうえでの課題を明らかにする．そのために実際に能力開発に積極的な企業と消極的な企業に区分し，それぞれが抱える問題点を浮き彫りにする．第4節では，人材育成と雇用創出の関係について検討する．1990年代末から21世紀はじめにかけて高

失業率が続く日本では，雇用機会の創出が喫緊の社会的要請になっている．このような雇用の量的向上が，雇用の質的向上をもたらす能力開発の取り組みといかに関連しているのかを明かにする．第5節では，育成した人材の定着に中小企業はどのように取り組んでいるのか，聞き取り調査から得られた事例を紹介する．人材を育成しても，その後に会社を辞めてしまえば，せっかくの企業は能力開発の利益を得られない．その事態を避けるために企業はどのような努力をしているかを，事例の結果に注目しながらその傾向を探る．最後に，第6節で，ここで得られた結果を要約し，今後を展望する．

2. 経営戦略としての能力開発

2.1 能力開発に積極的な成長企業

　従業員の仕事上の能力を向上させるため，企業はどの程度，積極的に人材育成に取り組んでいるのだろうか．

　図 2.1 の最上段をみると，経営者本人が従業員の能力開発をどの程度積極的に行っていると考えているかをきいてみた結果，全体の 5.7% が「非常に積極的」，50.1% が「積極的な方だと思う」と答えている．この調査でとりあげられているのは，大部分が正社員 100 人未満の中小企業だが，そのおよそ 6 割が能力開発に積極的に取り組んでいる．

　産業別では，建設業の能力開発への取り組みが活発であり，全体の 67.2% と 7 割弱が「能力開発に積極的な企業（「非常に積極的」＋「積極的な方だと思う」）」である．企業規模別では 100 人未満の中小企業で比べても，従業員数が多くなるほど積極的に取り組んでいる企業の割合が高まる．ただし，従業員数 4 名以下の企業であっても，全体の過半数が能力開発に積極的と回答している．非常に規模の小さい企業であっても能力開発を重視している場合が多い．

　企業の属性と能力開発の関係で特徴的なのは，より拡大・成長傾向にある企業ほど能力開発に積極的に取り組んでいるという事実である．業績売上が「増収」である企業は，「横ばい」ないしは「減収」に比べて能力開発に積極的な割合が高く，「非常に積極的」と「積極的な方」を併せると，全体の 66.8% にものぼる．企業の拡大・成長の度合いを正社員数の伸び率によってはかった場

図 2.1 従業員の能力開発を積極的に行っているか

	非常に積極的	積極的な方だと思う	あまり積極的でない	積極的である	無回答
総計 (n=4119)	5.7	50.1	39.3	3.2	1.7
産業 建設業 (n=688)	7.0	60.2	28.8	2.3	1.7
製造業 (n=996)	5.3	46.0	42.6	4.7	1.4
運輸・通信業 (n=257)	3.1	44.7	47.5	2.8	1.9
卸売・小売業、飲食店 (n=952)	4.1	48.3	43.4	2.9	1.3
サービス業 (n=711)	6.8	50.8	37.3	2.1	3.0
その他 (n=201)	9.5	51.7	33.8	4.0	1.0
従業員規模 4名以下 (n=393)	5.3	45.3	42.0	6.1	1.3
5〜9名 (n=751)	5.7	48.7	40.2	3.8	1.6
10〜19名 (n=998)	5.0	48.3	40.6	4.2	1.9
20〜29名 (n=583)	5.5	53.0	37.2	2.9	1.4
30〜49名 (n=625)	5.3	51.2	39.7	1.9	1.9
50〜99名 (n=630)	7.9	53.8	36.0	0.6	1.7
100名以上 (n=33)	15.2	36.4	45.5	0.1	3.0
業績売上 増収 (n=654)	8.4	58.4	30.4	1.6	1.2
横ばい (n=1105)	4.7	50.5	40.6	2.8	1.4
減収 (n=1794)	4.2	44.8	44.6	4.3	2.1
正社員伸び率 −20.1%以下 (n=374)	5.1	44.4	43.0	4.8	2.7
−20.0〜−0.1% (n=1116)	4.6	46.9	43.5	3.6	1.4
±0%(変化なし) (n=925)	5.2	49.3	40.9	3.4	1.2
0.1〜20.0% (n=970)	6.7	51.9	36.7	2.5	2.2
20.1%以上 (n=568)	8.5	57.6	31.2	1.8	0.9

合でも，伸び率が高い企業ほど能力開発に積極的な割合が高くなるという傾向が鮮やかにあらわれている．

　企業の成長性と能力開発の積極性のうち，どちらが原因で，どちらが結果であるかを，すぐに判断することは簡単ではない．能力開発に積極的な企業ほど能力の高い人材が育成され，高い収益を生み出す源泉となっているのかもしれない．一方で，成長している企業ほど，良い労働条件が提示でき，それだけ鍛えがいのある人材が採用され，積極的に能力開発がなされているのかもしれない．いずれにせよ，この両方の関係によって「成長」→「能力開発」→「成長」→「能力開発」→「成長」→……という好循環が形成されている可能性がある．その詳細は，第4節で検討する．

次に，企業が能力開発を経営戦略のなかでどのように位置付けているかをみてみよう．企業自身に対して行ったここでの調査では，経営戦略のうち，これまでに重視してきた内容と，今後力を入れようとしている内容の両者を調べている．設問は，10の経営戦略（新製品・新サービスの投入，営業エリアの拡大，多角化の展開，ビジネスパートナーとの業務提携，経営組織の見直し，コストダウン，マーケティング強化，情報システム構築，人材育成，その他）をあげ，そのなかから重視するものをすべて選択する形式である．

中途採用者への個人調査と照合が可能な企業の回答結果をみると，人材育成がこれまでと今後の経営戦略の両者で第1位となっている．人材育成の指摘率は，「これまで」が60.6％，「今後」が67.8％である．人材の流出入が大企業に比べて激しい中小企業であっても，その多くは人材育成を経営政略として重視している[2]．

能力開発への取り組み姿勢の背景を知るために，同じデータから競争力についての自社評価および今後の事業拡大方針の有無別にみたのが，表2.1と表2.2である．表には経営戦略のうち人材育成を重視すると答える割合と，能力開発への積極度を指数化した値が示されている．表2.1からは，競争力があるとした企業ほど人材育成を重視する割合が高く，指数でみた能力開発の積極度も大きい．競争力が高いと自認する企業のなかで，今後は（も）人材育成に力を入れていく割合は，7割を超える．表2.2によれば，事業を拡大する企業では，現在でもおよそ7割が人材育成を重視しているが，さらに今後重視していく企業は，4社のうち3社まで拡大する．逆に人材育成に力を入れていないのは，競争力の評価が低い，事業を縮小するという企業と同時に，それらの状況について「わからない」と明確な評価を欠いている場合も多い．

以上の結果から，競争力があると自己評価している企業や事業拡大を志向する企業は，企業の競争力を支える人的資源の質を維持・向上したり，事業拡大から生まれる人材需要を充足するために，人材育成を重視していることが予想

---

[2] 調査企業全体（母数4,119）でみると，現在の経営戦略でもっとも力を入れているのは「コストダウン」（56.8％）であるが，「人材育成」も55.5％とほぼ同水準で第2位の重視度となっている．今後，力を入れていく点については「人材育成」が65.1％と次点の「コストダウン」（48.2％）を大きく引き離している．

表 2.1 重視する経営戦略として「人材育成」を指摘した企業の比率と
能力開発への取り組みの積極度指数（自社の競争力評価別，％）

競争力自己評価（回答数）	経営戦略として「人材育成」重視する		能力開発への積極度
	これまで	今後	指数
総計　　　　　(2,813)	60.6	67.8	23.2
強い　　　　　(468)	66.0	72.6	72.5
まあまあ強い　(1,795)	61.9	67.9	22.3
弱い　　　　　(372)	53.8	63.4	−18.6
わからない　　(153)	45.8	63.4	−14.4

(注) 1. データは，企業調査と個人調査がマッチングできたものに限る．そのうち総計の回答企業には表側の設問に無回答だったものを含む．
2. 指数＝「非常に積極的である」(％)×2＋「積極的な方だと思う」(％)×1－「あまり積極的でない」(％)×1－「消極的である」(％)×2．

表 2.2 重視する経営戦略として「人材育成」を指摘した企業の比率と
能力開発への取り組みの積極度指数　　　（今後の事業の拡大方針別）

今後の事業拡大方針(回答数)	経営戦略として「人材育成」重視する(％)		能力開発への積極度
	これまで	今後	指数
総計　　　　　　(2,813)	60.6	67.8	23.2
事業を拡大する　(1,224)	69.7	74.9	46.2
現状維持　　　　(1,359)	54.5	63.8	9.3
事業を縮小する　(97)	48.5	50.5	−20.5
わからない　　　(108)	45.4	54.6	−26.7

(注) 表 2.1 と同じ．

できる．

2.2 能力開発に積極的な企業像

　企業が積極的に能力開発に取り組むか否かは，さまざまな企業属性と結びついている．そこで労働経済学の実証分析のなかでよく用いられるプロビット分析を用いて，能力開発に積極的な企業の特徴を統計的に明らかにする．表 2.3 には，企業が，能力開発に積極的である（「非常に積極的」もしくは「積極的な方だと思う」）と回答する確率を規定する要因を，プロビット分析によって推計した結果である．

　表 2.3 の見方を説明しておこう．表のうち，係数の項目がプラスの値になっているのは，能力開発に積極的である確率が高くなることを示し，逆にマイナ

スはそうでない確率が高いことを意味している．たとえば表2.2でみたとおり，「今後の経営方針として事業拡大を考えている」場合には，能力開発に積極的と答える確率がやはり高くなっている．ただし，係数のところに＊印がいくつかついているものと，そうでないものがある．＊印がついてないものは，たとえ係数がプラスやマイナスでも，統計的にはゼロである可能性が否定できない，すなわち積極性・消極性のいずれにも影響していないと理解される[3]．たとえば，企業が個人企業であることには＊印が付いておらず，能力開発の態度には無関係といえる．積極的な個人企業もあれば，そうでない個人企業も多数ある

表 2.3 能力開発積極性の規定要因（プロビットモデル）

説明変数群	係数	漸近的 t 値	限界確率
今後の経営方針として事業拡大を考えている	0.3318	6.77***	0.1298
個人企業である	0.0870	0.69	0.0341
右腕となる社員がいる	0.3903	7.53***	0.1545
必要な資金を調達することが難しい	−0.1362	−2.22**	−0.0540
売上げが増えている	0.2125	3.05***	0.0828
売上げが減っている	−0.0891	−1.72*	−0.0351
1950年代に設立された	−0.0703	−0.88	−0.0278
1960年代に設立された	0.1270	1.71*	0.0498
1970年代に設立された	0.2132	2.92***	0.0832
1980年代に設立された	0.1598	1.99**	0.0625
1990年代に設立された	0.1808	1.86*	0.0704
正社員数は5人以上10人未満	0.0740	0.86	0.0291
正社員数は10人以上20人未満	0.0427	0.50	0.0168
正社員数は20人以上30人未満	0.1764	1.87*	0.0688
正社員数は30人以上50人未満	0.0998	1.05	0.0392
正社員数は50人以上100人未満	0.2717	2.79***	0.1050
サンプル数		3,242	
LR χ^2 (24)		267.01	
擬似決定係数		0.0599	

(注) 被説明変数について，能力開発に「非常に積極的」もしくは「積極的な方だと思う」と回答している場合に1，「あまり積極的ではない」，「消極的」である場合に0とした．設立年次のリファレンスグループは，1950年以前に設立された企業．正社員規模のリファレンスグループは5人未満の正社員数．Z 値は，漸近的 t 値．

---

3) ＊の数が多くなればなるほど，係数がゼロである，すなわち影響を与えていない確率が低いことを意味している．

からで，個人企業か，そうでないかは，能力開発への態度と明確な関係をもたないことを意味している．

さらに限界確率として示された部分は，選択された項目が，そうでない場合に比べて，どの程度，能力開発に積極的である確率を高めるかを意味している．たとえば，事業拡大を考えている企業は，考えていない企業にくらべて積極的である確率が約13%（12.98%）高いことを，この結果は示している．統計分析からも，事業拡大に積極的な企業ほど，能力開発に積極的なことが確認できる．

能力開発に対する積極性は，産業属性，企業規模，設立年次などによっても異なる．ここでの推定結果が意味するのは，それら企業属性の相違をコントロールしてもなお，売上が増えていたり，事業の拡大方針をもっているなど，成長志向の強い企業ほど，そうでない企業に比べて明らかに人材育成に対して前向きであるという事実である．

これらの成長志向以外にも，企業の能力開発の積極性を規定するユニークな要因が存在する．1つは，社内における右腕人材の存在である．本書第3章での指摘にあるとおり，右腕となる社員がいるかいないかが，企業成長の1つの重要なポイントとなる．経営トップが事業の拡大に奔走する一方，社内での人材育成に気を配ってくれる右腕社員がいれば，それが企業の両輪となって成長の源泉となっている．逆に右腕社員がいない場合には，中小企業の場合，経営者本人が事業だけでなく人材育成も担わなければならない．実際，次節でみるように，右腕を含めて社内で指導する人材が不足することが，能力開発を進めていくうえでの大きな課題となる．

その他，資金調達に困難を感じていないことも，企業が能力開発に積極的に取り組む要因となっている．資金調達がむずかしいと，Off-JTなどのために必要な教育費用がまかなえないこともあるだろうし，あわせてOJTにも影響を与える可能性すらある．資金の調達が困難な企業では，本来ならば設備投資によって人的資源の稼動時間を節約し，そのぶんOJTを含めた教育訓練にあてる時間的余裕をつくりだせていたのかもしれない．ところが資金調達がむずかしく，理想とする以上に労働時間や労働密度が高めなくてはならない状況では，能力開発に向ける余裕が実質的に削減されてしまう．その意味で，資金市場の状態が企業の人材育成に影響を与える影響も無視できないのである．

2.3 人材の対象と仕事の満足度

能力開発に積極的に取り組む企業では，費用をかけて育成・開発を行う分，それだけ多くの成果や収益を育成した従業員から得ることを期待する．そうなると，採用はできるだけ若い社員を重視し，長く会社に勤め続けてほしいと考えるはずである．

実際，能力開発に積極的な企業ほど，新卒を含めた若年採用にこだわる傾向はデータからも確認できる．図2.2をみると，能力開発の積極度が高まるほど，人材を社内で育成する場合，「新卒採用の方が望ましい」という割合が高まる．能力開発に非常に積極的な企業の25.1%が新規学卒者（新卒）を採用したいと考えているのに対し，消極的な企業では10.6%にとどまっている．「新卒が望ましい」に「若年であれば，中途採用でもよい」を加えたものを若年採用志向と考えれば，その志向は能力開発に積極的な企業のなかでは45%程度にのぼる．それに対し，能力開発に消極的な企業の若年採用志向は，全体の3割程度にすぎない．

ただしそれでも育成に積極的な企業では，中高年を含めた中途転職者の能力開発に無関心なわけではない．むしろ，能力開発に積極的に取り組んでいる企

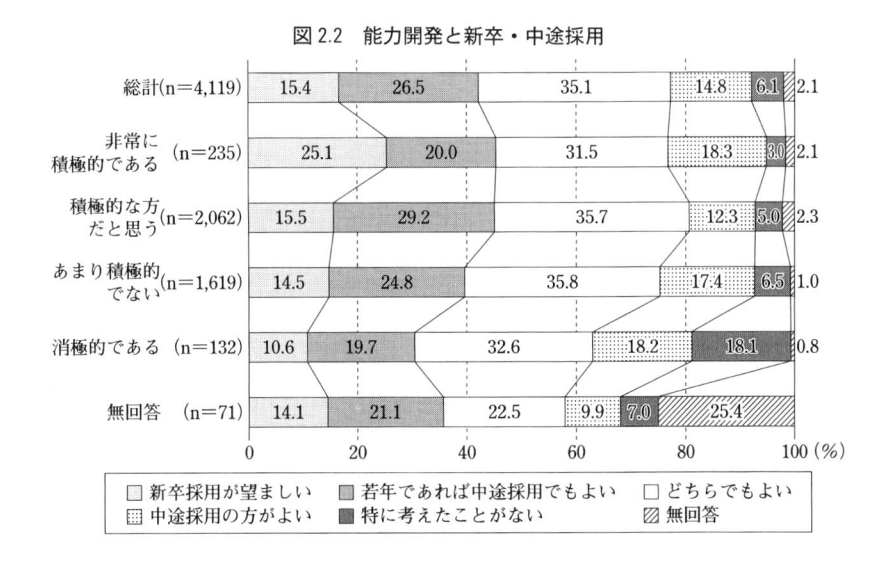

図2.2　能力開発と新卒・中途採用

	新卒採用が望ましい	若年であれば中途採用でもよい	どちらでもよい	中途採用の方がよい	特に考えたことがない	無回答
総計(n=4,119)	15.4	26.5	35.1	14.8	6.1	2.1
非常に積極的である(n=235)	25.1	20.0	31.5	18.3	3.0	2.1
積極的な方だと思う(n=2,062)	15.5	29.2	35.7	12.3	5.0	2.3
あまり積極的でない(n=1,619)	14.5	24.8	35.8	17.4	6.5	1.0
消極的である(n=132)	10.6	19.7	32.6	18.2	18.1	0.8
無回答(n=71)	14.1	21.1	22.5	9.9	7.0	25.4

表2.4 中途採用者が入社後3ヶ月間に経験した訓練時間
（企業の能力開発の自己評価別，%）

企業の能力開発に関する自己評価	集合研修の時間	上司や先輩による指導時間	他人の仕事やマニュアルを見たりした学習時間
総計	11.2	93.1	102.4
非常に積極的である	15.4	102.8	113.5
積極的な方である	12.9	96.4	104.8
あまり積極的でない	11.0	87.9	97.9
消極的である	3.6	76.7	83.1

（注）データは，企業調査と転職者の個人調査がマッチングできたものに限る．そのうち総計の回答企業には表側の設問に無回答だった場合を含む．

業の約半数は，（中途採用と新卒採用の）「どちらでもよい」もしくは「中途採用の方が望ましい」と考えているともいえる．能力開発に積極的な企業では若年の新卒採用を望ましいと考えるが，中小企業の場合には，新卒採用がかなわないことも少なくない．その場合には，転職者を育成することが重要な経営上の課題となる．中途採用者の側から考えても，転職は能力開発の機会を必ずしも奪ってしまうのではなく，育成に積極的な企業に就職した場合，能力向上を実現することが可能なのである．

　では，中途採用された場合，どのような育成がなされているのだろうか．表2.4では，中途採用者が，入社後3ヶ月間に受けた教育訓練時間を，(1)集合研修の時間，(2)上司や先輩による指導の時間，(3)自己学習の時間，の3つに分けて比べた．能力開発に積極的な企業では，積極的でない企業に比べて集合研修の時間だけでなく，上司や先輩による指導時間や自己学習の時間も長い．能力開発に積極的だと自己評価した企業では，集合研修が充実しているだけでなく，上司や先輩による指導や従業員自身による学習の時間も多くなっている．もっといえば，能力開発に積極的な企業と消極的な企業の訓練時間差は，上司や先輩による場合や，他人の仕事やマニュアルを通じた場合の方が，集合研修の場合よりも大きい．育成に積極的な企業では仕事の内外を問わず，学習を促進する組織風土が形成されている．

　では積極的に能力開発に取り組むことの成果を，企業はどう認識しているのだろうか．図2.3に示された，能力開発の取り組みへの積極度と，企業にとっ

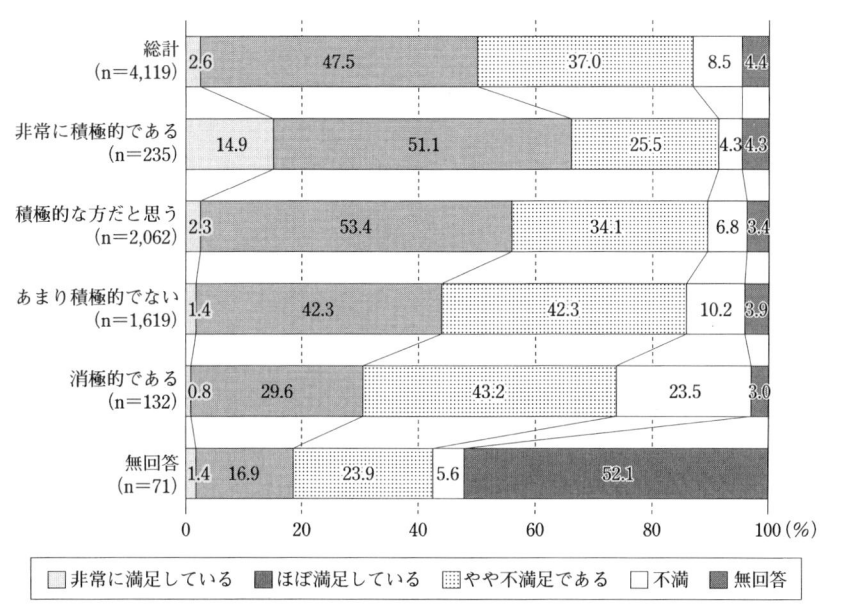

図2.3 能力開発の積極性と基幹的人材に対する満足度

	非常に満足している	ほぼ満足している	やや不満足である	不満	無回答
総計 (n=4,119)	2.6	47.5	37.0	8.5	4.4
非常に積極的である (n=235)	14.9	51.1	25.5	4.3	4.3
積極的な方だと思う (n=2,062)	2.3	53.4	34.1	6.8	3.4
あまり積極的でない (n=1,619)	1.4	42.3	42.3	10.2	3.9
消極的である (n=132)	0.8	29.6	43.2	23.5	3.0
無回答 (n=71)	1.4	16.9	23.9	5.6	52.1

てもっとも重要な業務に従事する従業員（「基幹的人材」とよぶ）の仕事上の能力に関する企業の満足度の関係をみてみよう．

　ここから明らかなのは，能力開発に積極的に取り組んでいる企業ほど，基幹的人材の能力についての満足度がきわめて高くなっている事実である．従業員の能力開発に「非常に積極的である」企業の14.9％は，基幹的人材に「非常に満足」しており，51.1％は「ほぼ満足」とこたえている．反対に，能力開発に消極的な企業では，「非常に満足」と「ほぼ満足」を加えても30.4％にすぎない．能力開発に消極的な企業の23.5％が基幹的人材の能力に「不満である」とこたえており，不満の割合は非常に積極的に取り組んでいる企業に比べて5倍以上にのぼっている．

　能力開発に積極的な企業とそうでない企業では，入社時点では同一の能力の従業員であっても，入社後に獲得できる能力開発の機会に差があるため，入社後における能力の伸張に大きな差が生じている可能性が高い．人材育成に積極

的な企業で働く社員は能力を向上させ，その仕事状況に企業も満足している．逆に，人材育成に消極的な企業では能力を向上させる機会が乏しく，企業も基幹的人材の仕事ぶりに満足していない．企業の能力開発への取り組みが，働く人々の人材格差を生み出しているのである．

3. 能力開発のための課題

3.1 積極的な能力開発には指導者不足が課題

従業員の能力開発を積極的に行っている企業にとって，何が人材育成上の課題となっているのだろうか．

課題を知るためにまず，能力開発の中身を知ろう（図2.4を参照）．能力開発の中心はあくまでOJTである．能力開発に積極的な企業全体では，「OJTが主ではあるが，一部OFF-JTも行っている」とする割合が36.2%でもっとも多くなっている．次いで多いのは「OJTのみを重視している」の23.7%であり，両者で約6割を占めている．以下「OJTとOFF-JTを均等に重視して行っている」(15.5%)，「OFF-JTが主ではあるが，一部OJTも行っている」(14.8%)，「OFF-JTのみを重視して行っている」(4.7%)となる．企業の能力開発は，あくまでOJTが中心である．

産業別にみると，OJTのみ重視とOJT中心を加えたOJT重視派が「製造業」

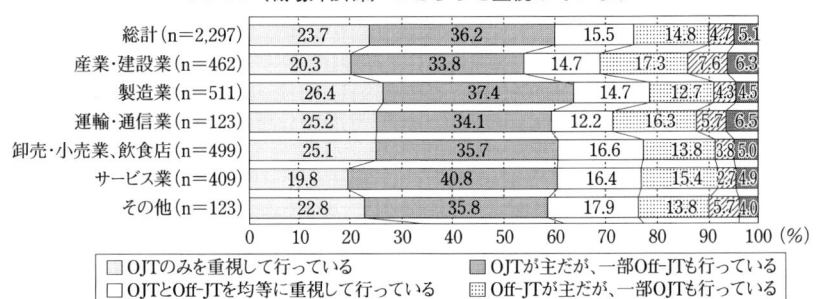

図2.4 能力開発に積極的な企業について，OJT（職場内訓練）とOff-JT（職場外訓練）のどちらを重視しているか

区分	OJTのみを重視	OJTが主だが一部Off-JTも	OJTとOff-JTを均等に重視	Off-JTが主だが一部OJTも	Off-JTのみを重視	無回答
総計(n=2,297)	23.7	36.2	15.5	14.8	4.7	5.1
産業・建設業(n=462)	20.3	33.8	14.7	17.3	7.6	6.3
製造業(n=511)	26.4	37.4	14.7	12.7	4.3	4.5
運輸・通信業(n=123)	25.2	34.1	12.2	16.3	5.7	6.5
卸売・小売業，飲食店(n=499)	25.1	35.7	16.6	13.8	3.8	5.0
サービス業(n=409)	19.8	40.8	16.4	15.4	2.7	4.9
その他(n=123)	22.8	35.8	17.9	13.8	5.7	4.0

第2章　人材育成がカギを握る中小企業の成長

で63.8％ともっとも高く,「卸売・小売,飲食店」や「サービス業」でもOJT重視派が60％を超えて高くなっている．企業規模別には従業員数の少ない企業程,OJT重視派の割合が高いが,これには小企業の多くではOff-JTを支援する資金的余裕が少ないことを意味しているのかもしれない．

では,OJTを中心とする能力開発を積極的に実施している企業において,人材育成が円滑に行われているかといえば,そうではない．図2.5には能力開発が積極的な企業について,人材育成上の課題を整理した．能力開発を積極的に行っていると評価した企業のなかで,能力開発について「特に問題がない」としたのは36.4％でしかなく,6割以上の企業が何らかの問題を抱えている．

能力開発に問題があるとこたえた企業がもっとも多く指摘しているのは,「指導する人材が不足している」である（26.4％）．それに続くのは「鍛えがいのある人材が集まらない」（20.5％）,「人材を育成しても辞めてしまう」（19.5％）であり,鍛える人材・鍛えられる人材の要員管理がともに困難なことが課題となっている．人材調達問題の次に「人材育成を行う時間がない」（18.1％）もあげられている．能力開発の対象となる従業員の質や定着性の問題を別にすると,企業が直面している能力開発上の課題は,指導する人材と人材育成を行うため

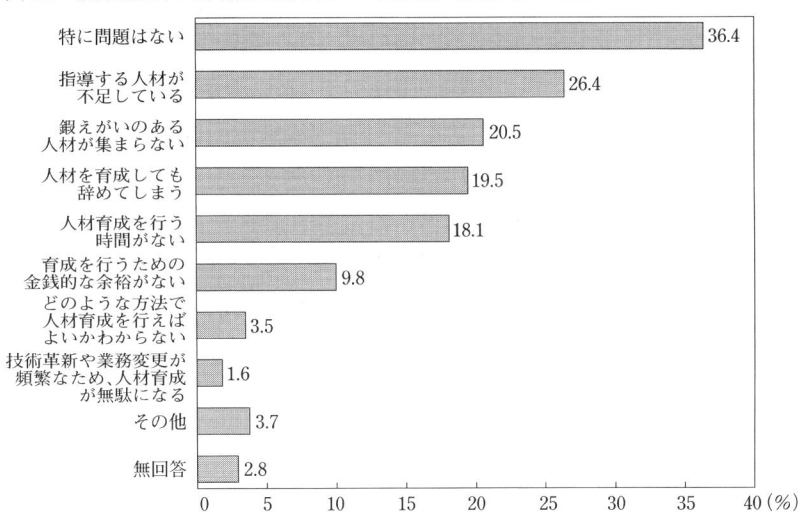

図2.5　能力開発や人材育成を行う上での問題点（能力開発に積極的な企業,複数回答）

項目	％
特に問題はない	36.4
指導する人材が不足している	26.4
鍛えがいのある人材が集まらない	20.5
人材を育成しても辞めてしまう	19.5
人材育成を行う時間がない	18.1
育成を行うための金銭的な余裕がない	9.8
どのような方法で人材育成を行えばよいかわからない	3.5
技術革新や業務変更が頻繁なため,人材育成が無駄になる	1.6
その他	3.7
無回答	2.8

表 2.5 基幹的人材の充足状況別にみた能力開発上の問題点
(能力開発に積極的な企業，%)

基幹的人材の状況（回答数）	特に問題はない	指導する人材の不足
充足している（784）	50.1	20.7
不足している（826）	21.7	37.2

(注) データは，企業調査と転職者の個人調査がマッチングできたものに限る．そのうち総計の回答企業には表側の設問に無回答だった場合を含む．能力開発上の問題点から2つの選択肢のみを表掲した．

の時間の不足に集約できる．

そのなかでも，指導する人材の不足を能力開発上の問題として指摘したものは，基幹的な人材が不足しているとした企業で多くなっている．表 2.5 には基幹的人材の充足状況別の問題状況を示した．能力開発に積極的な企業で，基幹的な人材が充足している場合，およそ半分は能力開発に特定の問題を抱えていない．指導する人材の不足も2割にとどまる．一方，基幹的人材が充足していない企業では，8割近くが何らかの能力開発上の問題をもっており，特に4割近くが指導する人材の不足を指摘している．この結果は，指導する体制ができていない企業では，能力開発に積極的であったとしても人材の育成が滞り，人材の確保が困難化していることがうかがえる．

こう考えると，OJT が効率的に行われるためには，その担い手である職場の管理職などの「人材育成能力」の向上こそ不可欠である．指導できる人材が不足しているとした企業では，職場における OJT も十分に行われていない．能力開発の実現には，職場で OJT を担う人材の指導能力の強化が求められる．

産業別にみると，指導する人材の不足が特に深刻なのは，製造業とサービス業であり，ともに企業の 30.1% が問題点としてあげている．企業規模別では，規模が大きくなるにつれて指導者の不足を指摘する声が多い．指導者不足を指摘しているのは従業員4名以下の企業では 11.1% にすぎないが，50人以上 100人未満の企業では 40.1% にのぼる．

能力開発を行ううえで「特に問題がない」という割合は，従業員4名以下の企業では 44.2% であり，50人以上 100人未満の 33.9% を大きく引き離している．規模の小さい企業の方が，経営者や右腕社員によってきめ細かい育成や能力開発の指導が行われていることを意味しているのだろう．その一方で小規模

企業が能力開発に抱えている問題は，育成した人材の定着が難しいことである．「人材を育成してもすぐに辞めてしまう」と従業員4名以下の企業の25.1%が述べている（50名以上100名未満では14.1%）．さらに従業員4名以下企業の15.6%が「育成を行うための金銭的余裕がない」ことを述べている（50名以上100名未満では8.2%）．産業別では建設業が特に人材の確保・定着の難しさを指摘する．

3.2 時間と指導者の不足をどう克服するか

能力開発にあまり積極的ではない，もしくは消極的な企業が，能力開発や人材育成に力を入れない理由とは何なのだろうか．

図2.6をみると，その最大の理由は「能力開発や育成を行う時間がないから」であり，能力開発に消極的な企業の49.1%が指摘している．より細かくみた結果からは，時間がないことを指摘するのは，特に売上が増収の企業（52.2%）や，正社員数伸び率が20%以上の企業（56.9%）などである．成長・拡大中の企業には能力開発に積極的な場合が多いものの，なかには「仕事や業務が多忙で人材を育てているヒマなどない」といったところもある．産業別では，建設

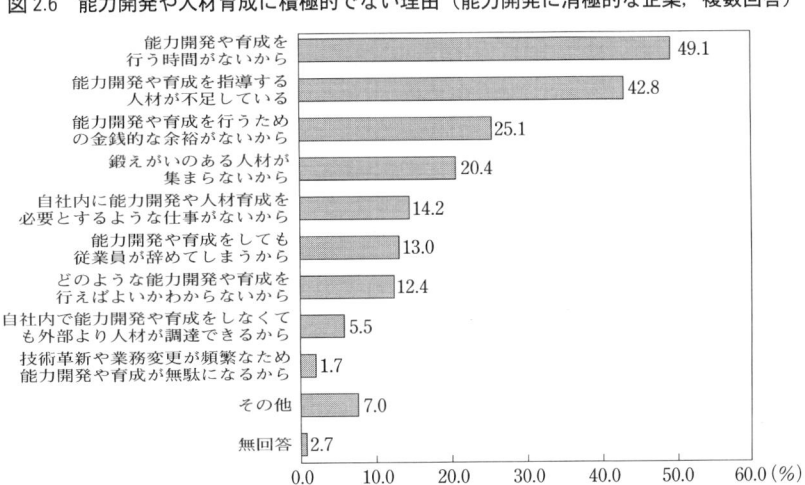

図2.6 能力開発や人材育成に積極的でない理由（能力開発に消極的な企業，複数回答）

理由	%
能力開発や育成を行う時間がないから	49.1
能力開発や育成を指導する人材が不足している	42.8
能力開発や育成を行うための金銭的な余裕がないから	25.1
鍛えがいのある人材が集まらないから	20.4
自社内に能力開発や人材育成を必要とするような仕事がないから	14.2
能力開発や育成をしても従業員が辞めてしまうから	13.0
どのような能力開発や育成を行えばよいかわからないから	12.4
自社内で能力開発や育成をしなくても外部より人材が調達できるから	5.5
技術革新や業務変更が頻繁なため能力開発や育成が無駄になるから	1.7
その他	7.0
無回答	2.7

業で時間のなさを指摘する企業が多い（55.1％）．

　時間の不足と並んで，積極的な能力開発の実施をむずかしくしているのは，やはり「能力開発や育成を指導する人材が不足しているから」という理由であり，図2.6によれば能力開発に消極的な企業の42.8％が挙げている．指導者の不足はここでも製造業，サービス業について深刻であり，企業規模別では，中小企業のなかでも比較的規模の大きい企業が指摘している．

　能力開発を積極的に行っている企業での育成上の課題として，人材育成を担う指導者と人材育成を行う時間の不足の2つが指摘されていたが，この両者の問題点は，能力開発に積極的でない企業（「あまり積極的でない」＋「消極的である」）においてこそ，より多く指摘されている．能力開発に積極的でない企業は，能力開発の必要性がないと考えているのではなく，実施したくてもできない事情がある．

　能力開発に積極的でない企業にその理由（複数回答）をたずねた結果では，「能力開発や育成を必要とするような仕事内容でない」（14.2％）や「自社内で能力開発をしなくても外部から人材を調達できる」（5.5％），さらに「どのように能力開発を行えばいいかわからない」（12.4％）などの指摘率は低い．

　以上によれば，能力開発を積極的に行う企業だけでなく，能力開発に積極的でない企業を含め，人材育成を担える人材が不足していることが，能力開発上の最大のネックとなっている．能力開発に消極的な（もしくは消極的とならざるを得ない）企業では，人材育成を行う時間がないとした企業も多かった．こうした企業では，人材育成の方法として，仕事の配分や適切なアドバイスを行うなど，OJTを計画的かつ効率的に実施することが求められよう（経営戦略としての教育訓練については，今野・佐藤［2002］第6章で解説している）．職場外訓練のための時間が十分に確保できない企業に対して，計画的OJTの実施方法などに関するノウハウを提供するための方策が検討されなければならない．

4. 雇用創出からみた能力開発の重要性

4.1 雇用創出の決め手

　ここでは中小企業の人材育成への取り組みと，雇用機会の創出の関係を改め

て考察してみたい．

　失業率が上昇を続けるなか，雇用創出をどう促進するかは，経済的・社会的な課題である．労働経済学の分野でも，雇用創出および雇用喪失のメカニズムについて，1980年代以降，欧米や日本でも研究がなされてきた．そこでは，個々の企業や事業所（工場，事務所を含む）から発生する雇用機会の増加や減少の大きさを規定する要因として，産業や従業員規模，設立年次などに注目が集まってきた（樋口［1998］，玄田［1999］他）．

　それらの研究からは，仮に同一の規模，産業に属する企業間でも雇用の創出や喪失に大きなばらつきがあることも同時に知られてきた．それは，経済理論的には，雇用機会の変動がマクロ経済全体に共通なショックや産業，規模に特有な部門固有ショックによって主にもたらされているのでなく，むしろ個別企業に特有な要因によって左右されている可能性が大きいと理解されてきたのである（Davis, Haltiwanger, and Schuh［1998］）．

　では，雇用創出や雇用喪失を左右する企業の個別要因とは何なのだろうか．ここでは，再び企業の能力開発への積極性に注目する．それによって，人材育成に積極的な企業ほど雇用機会の創出を実現していることを，統計的にできるだけ厳密なかたちで確認する．

　ここで考察の対象としている従業員100人未満の企業は，企業全体の圧倒的多数を占め，なおかつそこには就業者の過半数が雇用されている．これらの企業からの雇用創出のあり方が，日本全体の雇用機会の拡大や確保のカギを握っている．ここで得られた結果は，日本全体での雇用創出の促進には，総需要の増大や資金調達困難を解消することに加え，企業が人材育成に積極的に取り組む環境づくりが重要なことを指摘する．

　しかしながら，そもそも人材育成と雇用機会の創出との間には，対立する2つの考え方があり得る．1つは，人材育成にともなう費用の上昇を重視するものである．能力開発には，さまざまな人材育成のための費用を要する．能力開発や人材育成を重視する企業は，一人ひとりの教育コストが高いため，そうでない企業に比べて，採用にともなう固定費用が上昇する．その結果，労働需要は抑制気味になる可能性が生まれることになる．そのため，人材育成を重視する企業は社員の採用について少数精鋭的になり，雇用の増加傾向は抑えられる

ことになる.

　「これからは会社でコアとなる人材だけを集中して鍛える．だからコア人材の採用も厳選して少数精鋭でいく」といった，最近よく耳にする企業の考え方は人材育成の必要性が雇用を量的には縮小させる可能性があることを示唆している.

　しかしその一方で，別の考え方もあり得る．それは人材育成の，費用面ではなく，投資としての側面を強調するものである．能力開発に積極的な企業とは，人材活用に長けている企業であると考えることもできる．それらの企業では労働生産性が高く，人的投資から得られる長期的な利益の見込み（期待収益率）もそれだけ高くなる．その結果，人材育成のノウハウを蓄積し，能力開発に秀でた企業ほど，人を多く雇いたい，すなわち労働需要は旺盛であるという考え方も成立する．逆に，人材育成に長けておらず，能力開発に消極的な企業では，雇用から低い期待収益しか予想できないため，労働需要も抑制気味になり，雇用創出率も低下するかもしれないのである．

　さらには業績が悪くなったときに，人材育成に積極的であった企業は，すぐに従業員を解雇したり，雇用調整することには慎重になる．過去に多額の投資を人的資源に対して注いでいる企業は，従業員を辞めさせるとそれが回収できなくなることを知っているからである．反対に人材育成に消極的な企業では，業績悪化に対して，雇用を調整することへの躊躇は少ない．このような解釈は，労働経済学の人的投資理論とよばれる考え方にもとづいている．人的投資理論からは，景気減速のショックがあまり長期におよばない限り，人的投資がなされた人材の雇用は維持される傾向があることを証明している（Hashimoto [1975] など）．この場合にも，人材育成の積極性な企業ほど不況期でも雇用喪失は小さくなる．すなわち，能力開発の積極度と雇用機会の純増度についての正の関係（能力開発が積極的だと，雇用は相対的に増える傾向がある）が発生することになる．

4.2　雇用変化率を規定する要因

　まずは，ここで用いる個別企業の雇用変化率をはかる指標を説明したい．それは，各企業の1997年3月～99年3月にかけての正社員数の変化を，両時点

の平均正社員数で割った値として定義される．式にすると

$$\text{雇用機会の変化率} = 2 \times \frac{1999 年 3 月時点の正社員数 - 1997 年 3 月時点の正社員数}{1999 年 3 月時点の正社員数 + 1997 年 3 月時点の正社員数}$$

として計算される．

　この個別企業の雇用変化率の指標は，米国の代表的な雇用創出研究であるデービスとハルティワンガーが採用したものである．デービスなどの指標によれば，1997 年 3 月時点で開設されていない，もしくは開設されていたとしても正社員を雇用していない企業の雇用変化率は 2 となる．また 1999 年 3 月時点で正社員の雇用がゼロである企業の雇用変化率は－2 となる[4]．

　各企業の状況別に，雇用変化率の平均，標準偏差を計算し，整理した結果が表 2.6 である[5]．売上については，「増収」の平均雇用変化率は，「横ばい」や「減収」を大きく上回る．「増収」と「減収」の平均雇用変化率の差は，じつに 2 割近くにのぼっている．

　このように雇用変動の業績との関係は密接だが，資金調達とのあいだにも特徴がみられる．資金調達の困難を感じていない企業では雇用変化率の平均は 2.5％ であり，雇用の純増傾向がみられる．それに対して資金調達の困難を感じている企業の平均変化率は－3.7％ であり，雇用は純減している．先に資金調達の難易度が，企業の能力開発の積極性に影響を与えていることをみたが，同時に雇用量の増減とも関係している．資金調達は，雇用の質的・量的変化の両面と関連している．

　そして問題の，能力開発に向けた態度である．能力開発に積極的な企業の平均雇用変化率は，2 年間で 7.7％ と高い．企業全体のほぼ半数を占める「積極的な方」でも変化率は 3.2％ と，雇用には増加傾向がみられる．それに対して「あまり積極的ではない」はほぼ 0％，消極的では－1.4％ という状況である．ここからは，能力開発に積極的な企業ほど，雇用を拡大している状況が改めて

---

4) 通常，雇用変化率は，期初の雇用者数に対する期間中の雇用増減分として求められる．しかし，その場合，期間中に開設された企業の雇用純増減率は無限大となってしまう．この問題を避けるために，このような指標が採用されたのである．
5) 標準偏差とは，そのばらつきの大きさをはかる統計量である．

表 2.6 雇用純増減率の平均・標準偏差

	調査数	構成比	平均	標準偏差
全体平均	3932	100.0	0.017	0.290
売上げの状況				
増収	621	15.8	0.158	0.338
横ばい	1,056	26.9	0.025	0.277
減収	1,716	43.6	-0.046	0.256
未記入	52	1.3	0.025	0.449
調査対象外	487	12.4	0.048	0.277
資金調達の困難さ				
感じない	2,727	69.4	0.025	0.258
感じる	636	16.2	-0.037	0.321
わからない	539	13.7	0.035	0.364
未記入	30	0.8	0.218	0.584
能力開発についての態度				
非常に積極的	227	5.8	0.077	0.339
積極的な方	1,967	50.0	0.032	0.283
あまり積極的でない	1,548	39.4	-0.003	0.280
消極的	128	3.3	-0.014	0.359
未記入	62	1.6	-0.072	0.332
これまでの経営戦略				
人材育成を重視した	2,179	55.4	0.035	0.286
人材育成を重視しなかった	1,753	44.6	-0.004	0.293

確認できる．

しかし，人材育成・能力開発の積極性と雇用機会の関係を確定するには，もう少し慎重でなければならない．人材育成などの取り組みは，これまでみてきたとおり，さまざまな企業属性とも強く関連している．雇用創出と人材育成の正相関は，あくまで「みかけ上」のものにすぎないのではないか，という疑問にこたえなければならない．

そこで，さまざまな要因を制御したうえでも，人材育成や能力開発への取り組みが雇用機会の増加・安定に寄与しているかを，最小二乗法とよばれる回帰分析の手法によって推計する[6]．その推計結果が表 2.7 である．係数が正（負）

---

6) 回帰分析では，分布の末端である純増減率が 2 もしくは -2 の企業は対象から除いている．

表 2.7 雇用純増減率の決定要因分析

説明変数群	モデル (1) 係数	t値	モデル (2) 係数	t値	モデル (3) 係数	t値	モデル (4) 係数	t値
・従業員の能力開発に積極的である	0.0328	3.61	0.0212	2.38				
・これまで経営戦略として人材育成を重視してきた					0.0280	3.13	0.0201	2.30
・個人企業である	0.0258	1.03	0.0306	1.26	0.0341	1.40	0.0385	1.62
・右腕となる社員がいる	0.0152	1.50	0.0110	1.11	0.0181	1.82	0.0123	1.26
・必要な資金を調達することが難しい	−0.0599	−5.04	−0.0462	−3.97	−0.0640	−5.45	−0.0493	−4.27
売上げが増えている			0.0921	7.12			0.0910	7.10
売上げが減っている			−0.0579	−5.89			−0.0599	−6.14
1950年代に設立された	0.0228	1.47	0.0235	1.55	0.0255	1.66	0.0266	1.77
1960年代に設立された	0.0348	2.41	0.0354	2.51	0.0371	2.60	0.0370	2.65
1970年代に設立された	0.0520	3.72	0.0456	3.33	0.0549	3.96	0.0477	3.52
1980年代に設立された	0.0950	6.17	0.0786	5.20	0.0987	6.47	0.0814	5.43
1990年代に設立された	0.2073	11.17	0.1757	9.56	0.2072	11.30	0.1740	9.58
正社員は5人以上10人未満	0.0737	4.32	0.0630	3.77	0.0745	4.40	0.0639	3.86
正社員は10人以上20人未満	0.0799	4.79	0.0735	4.51	0.0771	4.64	0.0714	4.41
正社員は20人以上30人未満	0.0940	5.09	0.0813	4.50	0.0908	4.93	0.0791	4.39
正社員は30人以上50人未満	0.0905	4.85	0.0785	4.30	0.0844	4.75	0.0779	4.28
正社員は50人以上100人未満	0.0815	4.25	0.0709	3.79	0.0809	4.23	0.0712	3.81
サンプル数	3,183		3,183		3,233		3,233	
F値	10.66		16.71		10.57		16.90	
自由度修正済み決定係数	0.0626		0.1060		0.0611		0.1056	

(注) 被説明変数は 2*(1999年3月時点の正社員数−1997年3月時点の正社員数)/(1999年3月時点の正社員数+1997年3月時点の正社員数).設立年次のリファレンスグループは,1950年以前に設立された企業.正社員規模のリファレンスグループは5人未満の社員数.説明変数としては,上記の他,産業中分類ダミーおよび定数項も含む.

の場合には,雇用の増加(減少)をもたらすことを意味しているが,横に付された t 値の絶対値が2を下回る場合には,雇用変化率に影響を与えていない(「統計的に有意でない」とよばれる)とみなすことができる.ここでは,4つのモデルの推計を行った.

表 2.7 からは,業種(産業中分類),規模,設立年次,資金調達の状況などの企業間での違いをコントロールしてもなお,人材育成や能力開発に積極的に取り組んでいる企業ほど,雇用が増加していることがわかる.これまで経営戦略

として人材育成を重視してきた企業ほど，そうでない企業に比べて，さまざまな企業属性の違いを制御すると，モデル（1）では3.28％も雇用変化率が高い．t値も3.61と2を大きく上回り，雇用に影響を与えている可能性は高い．

ただし，雇用創出と能力開発の関係については，能力開発に積極的だから雇用を創出するのではなく，雇用を創出している会社は，業績が好調なために資金的な余裕もあり，能力開発に積極的になれるのだという，別の因果関係があるかもしれない．そこでモデル（2）では，売上の状況も追加してコントロールした．その結果からも，やはり能力開発の影響は2.12％とやや低下するものの，それでも統計的に有意な影響が確認できる．さらに，現在の雇用変化と現在の人材育成の関係をみるのではなく，モデル（3）やモデル（4）では，「これまでに人材育成を重視してきたか」という過去の能力開発が原因となって，現在の雇用創出につながっているかを検証した．その結果，過去に人材育成に積極的だった企業ほど，現在雇用を創出しているという関係が，統計的に有意なかたちで確認できる．やはり人材育成による雇用の質的向上が，結果的にその後の雇用の量的拡大をもたらす．人材育成の投資としての側面が雇用創出を拡大する役割をもつことが，ここからもわかる．

さらに表2.7から，そのほかの興味深い事実を拾いあげてみよう．表2.6でみたとおり，資金調達が困難である場合，雇用の増加が抑制される傾向のあることが，ここでもみられる．また設立年次が新しい企業ほど，雇用変化率が大きいこともわかる．従業員規模としては，正社員数が20人以上50人未満あたりの規模の雇用増加率がもっとも高くなっている．

以上の結果からは，雇用創出を進めるためには，売上が向上するよう総需要を喚起し，資金調達の困難を解消することが重要である．さらには設立年次が新しい企業ほど雇用増加率が高いことを考えると，創業を促進し，従業員規模が20〜50人程度の企業へと着実に成長するような環境整備が雇用をつくりだす．そしてそれらにもまして，企業による人材の育成促進をサポートしていくことが，長期的な雇用機会の確保と創出を可能にする．人材を育成する質的環境の整備されている企業が増えることによって，雇用機会は量的にも拡大するのである．

5. 能力開発と定着のための知恵

　企業が能力開発に力を入れたとしても，育成した人材が企業から辞めてしまうならば，企業が費用をかけて行う能力開発は無駄になってしまう．実際，図2.5でみたとおり，能力開発に積極的な企業でも，およそ20％の企業は「人材を育成しても辞めてしまう」ことが課題となっている．能力開発を企業が進めていくには，育成した従業員の企業への定着を進めていけるかがカギとなる．企業は人材を社内に定着させるために，どのような工夫をしているのだろうか．

　経営者に対する聞き取り調査の結果からは，仕事のあり方，情報の大切さ，職場の雰囲気づくり，そして処遇制度の充実という4本柱の重要性がうかびあがってくる（Iverson and Varian [1998] など）．

5.1 仕事に責任と自由を与える

　従業員の定着をうながすのに効果的な方法として，企業調査に回答した経営者がもっとも多く指摘したのは，従業員に「責任ある仕事をまかせる」という一点である．そして仕事にやりがいや誇りをもてるようにするため「一人ひとりが自己実現できるよう，一人ひとりに責任ある仕事を与えている」という．それによって仕事に達成感を感じられるようになり，現在の仕事に対するさらなる向上心を従業員はもつことができる．

　仕事に責任を与えるうえで工夫していることとして，「一人ひとりの業務分担を明確にすること」であり，「各人に目標をもたせ，目標達成時のよろこびを与える」．責任は個々人の能力や個性に合わせて「無理なく」与えることが大切であり，能力の進展度合いに応じて「徐々に」責任の重さを加えていく工夫も必要である．責任ある仕事に従業員を就けるうえではまさに「適材適所」が重要になっている．さらに個人の仕事に責任を与えることで「独立できる自立した人材を育成する」，「必ず一人前に育てる」ことも，かえって従業員の定着には効果があるという意見もあった．

　仕事を配分するうえで責任度とならんで重要性が指摘されているのは「仕事に自由度を与えること」である．仕事に自由度を与えるとは「社員に任せる」

ことであり,「社員を信頼すること」だという．具体的には「従業員本人が目標を設定できる」,「ある程度の裁量権を与え,自分にあった仕事の進め方を認める」ことなどを指している.

　従業員に仕事の自由度を与えるうえで会社がなすべきことも多い.「会社としては基本的な目標だけ掲げ,詳細については各自の責任にまかせる．目標から逸脱したときだけ修正する」.本人に適した業務に就ける「適材適所」はここでも前提となる.「人材を信用し,能力を高く評価し,失敗は経営者が取るようにしています」という意見もあった.リスクを経営者が共有している,だからこそ自分は信頼されているのだという感覚を従業員が感じられることも仕事の自由度がより良い成果につながるためには大切なのだろう.

5.2　日頃からの情報共有と採用時の情報提供の大切さ

　経営者のなかには責任や自由とならんで,仕事に「将来性」や「夢」を感じられるようにすることが大切だという意見も多くみられた．そのために個人と会社の将来目標が合致するよう「社員の夢と会社のベクトルが一致するよう努力している」のだという．だからこそ,経営者は「(将来の約束事を提示したうえで)社員との約束は守る」ことや「従業員に対してウソをつかない」ことを強く意識している.

　では,社員と経営者が価値観や目的意識の共有を進めるためにはどうすればよいのか．多くの経営者は社員との情報共有の重要性,すなわち「社内でのコミュニケーション」の重要性を指摘している．経営者,上司,社員同士がコミュニケーションを密にとりあうことによって「すべての社員さん,営業者にも互いに時間を同じくして,目標達成のためのパートナーであることを認識してもらって,協力しあえる職場にしている」という.

　経営者は社員の意見をよく聞き,つねに仕事の意義付けを欠かさない.「社内環境を整備しつつ,良い社風づくりを言葉で社員に呼びかけている」,「社長が創業の精神をもち,熱意をもつこと．社員は宝です．上の人間の熱意しか社員には浸透しない」,「大事なことは社員が経営者を尊敬できるかということで,経営者は社員にウソをつかないことと安心させること,そして平等であること」といった考えが,情報共有を円滑に進めていくうえで必要になっている.

従業員の定着のためには日頃からのコミュニケーションをとることと同時に，採用を行う段階で求職者に対する会社や仕事についての情報提供が重要だという声も多い．経営や仕事の考え方を会社と共有できる人材を採用することが，人材育成や定着促進の前提となっている．そのため「採用時に時間をかけてお互いの思いのミスマッチを少なくする」，「採用時に仕事の内容をきちっと説明し，合否をきびしく判断している」，「採用時に業務内容の厳しさなどをよく説明する（甘い考えで入社し，すぐ辞めないように）」ようにしているという．

5.3 オープンで明るい雰囲気をつくる

仕事に責任や自由を与える，情報共有を進めることにあわせて，職場の雰囲気づくりに心を砕いている経営者も多い．適切な職場の雰囲気づくりのキーワードは「透明性」と「明るさ」である．

経営者からは「ガラスばりの経営（社風）」を大切にする声がしばしばきこえてくる．職場の「透明性」を高めるために「経営状況の情報開示」や「個人評価の透明性」確保を意識している．従業員に対してオープンに隠しごとをせず，「誠実に」説明することで，従業員に「納得してもらう」ことが大切なのだという．それによって職場の「風通しをよくする」ことができ，はじめて社内全体に「協調の精神」や「全社員が経営に参加している自覚」が培われるのだという．「（会社の将来ビジョンに対する）コンセンサスづくり」のためにも「開放的な」風通しの良い職場づくりが重要になる．

また社内に「明るい雰囲気」をつくることも従業員の定着には効果的という意見も多かった．小規模企業を中心に「家族的・家庭的」な雰囲気を大切にし，「楽しい職場」，「人の和・社内の和」を重んじる職場づくりを目指している企業も少なくなかった．その効果としては「職場の雰囲気を朗らかにし，各人が自由に意見交換，フランクな気風をつくりだす」ことや「仕事のなかにおいて提案しやすい環境を与える」ことが期待されている．経営者としては「明るく，楽しく，前向き」な「のびのび働ける環境」をつくりだすため，「社員の立場にたつ」ことの他，適切に「誉める」ことや「規律あるフレンドリーな関係」を形成することが強く意識されている．

5.4 魅力的な処遇制度にする

　仕事内容や職場環境を整備したといっても，従業員にとってやはり気になるのは，なんといっても処遇だろう．経営者も，当然，従業員にとって魅力的な処遇制度づくりを意識している．

　報酬面では「同業他社を意識」している場合が多く，他社よりも高い，少なくとも低くない報酬が重視されている．「実績や成果にみあった報酬」を目指し，「年功とは無関係な賃金体系」や「公正な評価」を強く意識されている場合も多かった．また会社と個人の利益関係を密にするため，業績にリンクした賞与や報奨金も検討されている．

　さらに休日・休暇を充実させるため「繁忙期の冬場を除き，夏場に長期休暇が取れるように奨励」したり，フレックスタイム制を導入する場合もみられた．福利厚生の充実を意識し，親睦会，慰安旅行，海外研修，資格取得支援なども一部の企業では行われている．

6. おわりに

　本章で発見された事実をあらためて整理してみよう．

　まず何より，成長・拡大している中小企業ほど能力開発に積極的な場合が多い事実は重要である．中小企業のなかで，自社の競争力の高さを誇っていたり，事業の拡大をより志向している企業ほど，経営戦略として人材育成を重視している割合は高い．人的資源の開発が企業の競争力の維持・向上や事業の拡大の基盤と考えている成長企業の姿がそこにある．育成に積極的な企業の特徴としては，成長志向のほか，社内に右腕となる人材がいること，資金調達が困難でないことなどもあげられる．能力開発の態度の積極性は，これらの人的制約もしくは資金的制約によって左右されている．

　能力開発に積極的な企業ほど新卒や若年の採用を重視する傾向は強いが，それでも中高年を含む中途採用者に対しても積極的に能力開発を行っている企業は多い．このような企業はOJTを中心とした能力開発に積極的に取り組むことを通じて，基幹的な人材の仕事ぶりから高い満足を得ている．

　しかし，能力開発に積極的に取り組んでいる企業でも6割以上が何らかの課

題に直面している．なかでも多くの企業が抱える問題は，指導する人材の確保である．中小企業の成長環境を整備する政策上の課題としては，指導者そのものの育成に社会全体で取り組むことがそのヒントを与える．そのためにも，職場の管理職などの教育訓練の担い手である人材の育成や，指導能力の向上をサポートする社会的な仕組みが求められている．

一方，能力開発に積極的でない企業でも，能力開発が不要と考えているわけではない．むしろ積極的でない企業には，指導者不足の問題とあわせて，教育訓練のために割ける時間が確保できないために，能力開発に取り組めない場合が相当ある．Off-JT の充実の他，能力開発機会を時間的に確保できない企業には，計画的な OJT のためのノウハウを提供する必要がある．資金調達が困難な企業で能力開発が抑制的となる傾向も，資金不足から資本設備を整備できないと人的資源の稼動時間も延び，育成の余裕が確保できないからだろう．中小企業に対する資金市場の環境整備は，人材育成を促進する効果をもっている．

就業機会の確保にとって重要な事実として，能力開発に積極的に取り組んできた企業ほど，雇用を創出している現状がある．能力開発による雇用の質の向上が，雇用を量的にも拡大する好循環が存在する．一方で，能力開発に積極的でない企業は雇用を喪失し，そこには雇用が質的にも量的も劣化する悪循環が発生する．中小企業における成長をうながし，雇用を創出していくためにも，能力開発を活発化させる環境整備が欠かせない．

さらに育成した人材が会社に定着するかどうかも，企業が積極的な人材育成を推進して行くうえでのポイントとなる．定着をうながすための工夫の声を拾いあげてみると，社員に責任や自由を明確にした仕事を提供すること，頻繁にコミュニケーションをとること，明るくて開放的な職場の雰囲気づくりなどがカギを握っている．さらには，採用を行う段階で仕事や会社の中身をよく説明することも会社に適した人材の定着には効果的である．

人材育成に積極的な企業が増えていくためには能力開発についての社会的な見方そのものが変わらなければならない．転職がより一般化する，人を育てるような余裕がないといった声が強まる一方だが，人材育成をあらためて成長のための重要な企業の戦略としてとらえる必要がある．OJT を中心とした人材育成は主に大企業の新卒採用に対してなされるものといった認識も強かったの

はないだろうか．しかし，競争力に自信をもち，事業を拡大している中小企業では，人材育成を重要な経営戦略としてとらえている．人材育成を軽視しては，企業成長が実現する可能性は低い．

これまで，仕事を通じて開発される能力や技能については，企業特殊的熟練と一般的熟練という区分が用いられることが多かった．今後は，企業特殊的熟練についても見方を変えていくべきだろう．企業特殊的熟練についての見方も，「他の企業では通用しない技能」から，「他の企業でも通用するが，育成され，定着の環境が整備された企業でこそ一層有効に活用できる技能」へと変わっていかなければならない．

せっかく人を育ててもすぐに転職してしまうから育成はしないと企業が考え，会社に定着しても能力は高まらないから転職しようと社員が考えると，そこには結果的に人材育成がなされない「悪い均衡」状態が生まれてしまう．そのような状況が蔓延した場合には，社会全体の雇用の質・量が悪化し，企業成長も停滞してしまう．幸いなことに，日本では，そういう状況にはまだ陥っていない．多くの企業は，人材育成を重要な経営戦略と位置付けている．人材育成を重要と考える視点が，これからも企業成長のカギを握り続けている．

参考文献

Davis, S., Haltiwanger, J., and Schuh, S. [1996] *Job Creation and Destruction*, Cambridge : MIT Press.

Genda, Y. [1998] "Job Creation and Destruction in Japan ; 1991-1995", *Journal of the Japanese and International Economies*, 12 March, 1998.

玄田有史 [1999]「雇用創出と雇用喪失」，中村二朗・中村恵編『日本経済の構造調整と労働市場』日本評論社．

Hashimoto, M. [1975] "Wage Reduction, Unemployment and Specific Human Capital", *Economic Inquiry* 13, pp. 485-504.

樋口美雄 [1998]「日本の雇用創出と雇用安定」，小宮隆太郎・奥野正寛編『日本経済 21 世紀の課題』東洋経済新報社．

稲上毅・八幡成美 [1999]『中小企業の競争力基盤と人的資源』文眞堂．

Iverson, K. and Varian, T. [1998], *Plain Talk*, New York : John Wiley and Sons Inc.（岡戸克・東沢武人訳『真実が人を動かす：ニューコアのシンプル・マネジメント』ダイヤモンド社，1998 年）．

今野浩一郎・佐藤博樹［2002］『人事管理入門』日本経済新聞社.

O' Reilly, C. A., and Pfeffer, J. [2000], *Hidden Value : How Great Companies Achieve Extraordinary Results with Ordinary People,* Boston : Harvard Business School Press（長谷川喜一郎監修・解説，廣田里子，有賀裕子訳『隠れた人材価値：高業績を続ける組織の秘密』翔泳社，2002年）.

Pfeffer, J. [1998] *The Human Equation : Building Profits by Putting People First,* Boston : Harvard Business School Press（佐藤洋一訳『人材を生かす企業』トッパン出版，1998年）.

第3章　右腕が中小企業の経営業績に与える影響

脇坂　明

1. はじめに——問題意識と先行研究

　中小企業は，大企業にくらべて人材が不足している，といわれる．そのため経営者の社長1人が，すべてをやってしまうという傾向がある．しかし従業員が少ないうちは，それでまわるかもしれないが，ある規模以上では，どんなスーパーマン（ウーマン）の社長であっても限界がある．経営者の右腕となる人物が必要であることが予想される．こういった問題意識をもった調査研究は，これまでほとんどなく，先駆的に川喜多［1992］が「片腕」というかたちで分析を行っている．本格的な分析を行ったはじめてのものは，冨田［2000］である．筆者も加わった「中小企業経営者の実態に関する調査研究会」が行った1998年の全国の中小企業へのアンケート調査（「三谷調査」と略称）をもとに，右腕従業員のいる中小企業のほうがいない企業よりも売上高が大きいことを実証している．本章は，冨田［2000］と同じ問題意識のもとに，今回の調査データで分析を行うものである．
　現在右腕のいない経営者の企業であれば，右腕を採用・育成すれば経営が伸びるかもしれない．このことは，単に右腕の労働市場が拡大して雇用創出につながるだけでなく，中小企業が成長することによって，全体の雇用創出にもつながる．

2. 右腕の存在とプロフィール

今回の調査では,「右腕」について詳しくたずねている．くりかえすまでもないが,中小企業においては,社長だけでなく「右腕」の存在が経営のうえで,重要だと思われるからである．「右腕」の定義は,「経営上,もっとも頼りになる人物」である．そのように設問に記した．まず「右腕」といえる存在がいるかどうかをみると,74.2% の企業に存在する．「三谷調査」の 65% よりもやや多いが,成長企業を対象としていることと,「三谷調査」より規模が大きい企業が多いことが影響していると思われる[1]．規模別にみると,企業規模が大きくなるほど「右腕」が多い．「三谷調査」も同じ結果である．従業員(正社員)数が 6 人以下であると,右腕のいる企業が 7 割を下回る．それでも 5～6 割が右腕が存在する．

唯一従業員数 1 人の企業のみ 48.9% と 5 割を切る．

50 人を超えると 8～9 割の企業に右腕がいるが,それでも 1～2 割の企業に右腕がいない．

2.1 右腕のいる企業

その「右腕」と経営者との続柄をみると,親族・親戚全体で 35.5% で,子供が 21.0%,兄弟姉妹が 7.4%,配偶者が 5.5%,子供の配偶者 1.6% である．そして親族でない社員が 49.0%,共同経営者が 9.4% である．つまり,社員が右腕の企業が約半数ある．

「右腕」のプロフィールをみると,男性が 92.7%,平均年齢 44.0 歳,平均勤続年数 14.2 年である．右腕が社員のケースで,右腕をいつ頃から頼りにしたかをみると,「入社してすぐ」が 26.6% もある．「はじめから」そのつもりで採用している企業が 25.4% あったことが影響していると思われる．入社後何年目かを回答している企業が 60.5% とあるが,平均すると 8.4 年である．従業

---

[1] 過去 3 期売上が増加傾向にある製造業中企業を調査した中小企業総合研究機構による 1999 年の調査において(有効回答 330),75.4% の企業に右腕がいる．これら 3 つの調査の結果より,右腕のいる割合はかなり似通った数値であることがわかる．

員規模が大きいほど，頼りとなるまでに長い年数がかかっている．

「右腕」の担当業務をみると，まず特定の業務の担当している者が 48.4%，経営全般など特定業務を担当していない者が 44.9% と，約半々である．担当業務の内容（職種）をみると，営業が 33.7% ともっとも多く，管理全般 13.3%，生産技術 11.5%，経理・財務・予算 8.9% とつづく．

どのようにして右腕を育成・採用したかをみると，採用した人材が右腕として育ったケースが 64.8% で，「はじめから」右腕として戦略的に採用したのが 25.4% である．前者は，新卒採用者が育ったケースが 14.7% と，中途採用者が育ったケースが 50.1% とに分かれる．最初から狙いをつけて右腕を採用するケースは，むしろ少なく，中途採用者を育てているケースが多い．「はじめから」右腕として採用したケースの採用方法は，知り合いに依頼したり，自分のつてが多い．採用者の前職の規模をみると，中企業（21〜300 人）が 36.1% ともっとも多いが，大企業（301 人以上）も 32.7% と多い．右腕の採用は同業種からが多いが，サービス業などは，よその業種からも多い．

親族でない右腕がいるケースについて，その「右腕」を後継者と考えているかどうかみると，「考えている」が 20.8%，「考えていない」が 45.7%，「わからない」が 32.9% である．共同経営者を右腕にもつ経営者の 3 分の 1，社員が右腕の経営者の約半数が，後継者と考えていない．しかし，「わからない」も相当数あり，より多くの「右腕」が将来，後継者となることも十分，考えられうる．

2.2 右腕のいない企業

右腕のいない企業が 4 分の 1 あったが，その企業の 4 分の 3 が「右腕が欲しい」と思っている．全体としてまったく右腕を考えていない企業は，わずか 5% 程度になる．第 5 節でみるが，右腕がほしい理由をみると，企業拡大により経営者 1 人ではうまくいかず，自分と同程度の業務管理ができる人材がほしい，といった趣旨の回答が多い．

右腕を希望する企業が右腕を確保しようと考えている方法は，「現在の社内から人材育成」が 45.4%，「社外から採用」が 29.4%，「あらたに採用した人材から育成」が 15.6% である．29.4% の「社外からの右腕採用」を考えている

企業で,「同業での経験を希望」するものが 40.0% いる.また「大企業の従業員かどうかはこだわらない」とした企業が 75.8% を占めるが,「できれば大企業経験者は避けたい」が 15.3%,逆に「できれば大企業経験者を採用したい」が 5.6% である.大企業経験者を避けたいのが相対的に多いのは,小規模企業であるが 2 割程度で,7～8 割は,こだわらないとしている.大企業の管理職・専門職が中小企業の経営者の右腕として転職する機会があることがわかる.

2.3 右腕と競争力

同業同規模の他社と比べての競争力と右腕の有無の関係をみたい.あるいは事業拡大の経営戦略と右腕の関係をみる.競争力が強く事業拡大を予定している企業ほど右腕が多い(表 3.1 を参照).因果関係は必ずしもはっきりしないが,右腕がいることによって競争力がつき事業拡大が可能になるとも考えられる.

表 3.1 「右腕」の有無と競争力や経営業績

(単位 %)

		競争力				
		強い	まあまあ	弱い	わからない	無回答
合計	4,119	15.5	62.9	14.6	6.3	0.7
いる	3,055	17.6	64.9	11.3	5.6	0.5
いない	1,007	9.0	57.9	24.1	8.2	0.7
無回答	57	15.8	42.1	22.8	7.0	12.3

		今後の経営方針				
		事業を拡大する	現状維持	事業を縮小する	わからない	無回答
合計	4,119	41.2	50.8	3.2	4.1	0.7
いる	3,055	43.2	50.0	2.7	3.5	0.6
いない	1,007	35.7	53.7	4.7	5.5	0.5
無回答	57	36.8	42.1	5.3	8.8	7.0

		売上			
		増収	横ばい	減収	無回答
合計	4,119	15.9	26.8	43.6	13.7
いる	3,055	16.4	26.3	41.9	15.4
いない	1,007	14.1	28.2	49.0	8.7
無回答	57	17.5	33.3	36.8	12.3

詳細な分析は第4節でおこなう．こういった「競争力」という変数は，そして事業拡大戦略（意欲）の変数はかなりの程度，中小企業経営者の「主観的」認識にすぎない．第3節で分析する売上高や利益の変化といった「客観的」指標では，もちろんない．しかしながら，後者が前者よりも必ずしも優れているとはいいきれない．前者の変数が分析に耐えうることは，Powell [1992]，Delaney and Huselid [1996]，Perry-Smith and Blum [2000] などの論文で示されているところである．

　ここでは右腕がいる企業が競争力に自信をもつ理由を仮説的に述べてみたい．同業同規模の他社と比べて競争力をつけていくということは，言い換えればその企業にとっての「ベスト・プラクティス」の実現への努力，あるいは「絶えざるベスト・プラクティスの発見」の努力のことである．「ベスト・プラクティス」の実現のためには，「ベンチマーキング」が必要とされる（ロバート・キャンプ [1996]）．他社のさまざまなビジネス活動の効果的なプロセスを学習・導入するベンチマーキングは，意識的にせよ，無意識的にせよ中小企業の力を支える活動である．どの会社をベンチマークの対象とすることを決めることからはじまり，データ収集，ギャップの分析，ギャップを埋めるための教育・研修などの一連の作業は，重要であるだけに経営者1人がとりしきれるものではない．その際に右腕がいれば，少なくともベンチマーキング・プロセスのどこかの局面を任せることができる．このことが右腕を「ベスト・プラクティス」の実現に貢献する道筋であり，しいては競争力につながっていく．このプロセスの背景には，少なくとも社長と右腕の「情報共有」と役割の「分担」そしてGerber [1995] の強調するようなコーディネーターとしての社長の役割があることはいうまでもない．

　売上業績は，単純クロス集計でみると，おおむね，親族でない社員や共同経営者が右腕のいるほうが経営のパフォーマンスがよい．つぎの第3節でより詳しい分析を行う．

3. 右腕の経営業績に与える影響の多変量分析

3.1 分析方法

「右腕」の存在が企業業績に影響を与えているかどうかをみてみよう．企業業績をあらわす指標としては，売上と経常利益について，「前期」の業績を「前々期」業績と比較し回答させている．増収（増益），横ばい，減収（減益）の3つの選択肢があるが，それぞれ3，2，1の点数を与え，従属変数とする．

独立変数は，従業員規模，社齢つまり企業の創業からの年数，経営者の年齢，業種ダミー，そして右腕ダミー（右腕がいること，いないこと）である．順序プロビット・モデルで回帰させる．

3.2 売上

まず売上の結果についてみると（規模計），従業員数が正で有意，社齢と経営者年齢が負で有意である（表3.2の(1)欄を参照）．つまり会社が若くて経営者も若いほど，売上収入を伸ばしている．産業では，建設業にくらべ，運輸・通信業で売上が減少している企業が多く，サービス業とその他の産業で売上が伸びている企業が多い．製造業は建設業と差がないこともわかる．

さて，本章のテーマである「右腕」ダミーの変数は1%水準で正で有意である．つまり，いろいろな変数でコントロールしても，右腕の存在は売上の上昇に貢献している．

規模別に同じ推計をしてみよう（表3.2の(2)(3)(4)欄を参照）．5%水準だが右腕の存在は規模30人以上の企業において正で有意である．10〜29人規模でも1%水準で正で有意である．ところが，10人未満では，有意ではない．非常に小さい規模の企業では右腕の存在が売上の伸びに貢献していない．また，どの規模でも社齢と経営者の年齢は負で有意である．

3.3 経常利益

同じ作業を，経常利益の伸びについて行った（表3.3を参照）．規模計では売上とまったく同じ結果である．従業員数が正，社齢と経営者年齢が負で有意で

表3.2 売上の伸び（全サンプル）

売上の伸び	(1) 全体		(2) 30人以上	
	係数	擬似 t 値	係数	擬似 t 値
従業員数	0.0017	1.855*	0.0005	0.298
社齢	−0.0044	−5.430***	−0.0059	−3.501***
経営者年齢	−0.0107	−5.167***	−0.011	−2.891***
右腕の有無	0.168	3.550***	0.2043	2.084**
産業ダミー				
製造業	0.0005	0.009	0.0881	0.776
運輸・通信業	−0.2619	−2.717***	−0.2080	−1.410
卸・小売業，飲食店	0.0808	1.358	0.0600	0.480
サービス業	0.2043	3.191***	0.2788	2.244**
その他	0.3801	3.952***	0.3249	1.408
売上ダミー				
減収	−0.5211		−0.6052	
横ばい	0.3874		0.3150	
モデルの適合度(Pr>chi2)	0.0000		0.0000	
擬似決定係数	0.0167		0.0204	
対数尤度	−3182.901		−901.923	
サンプル数	3,173		903	
	(3) 10〜29人		(4) 10人未満	
	係数	擬似 t 値	係数	擬似 t 値
従業員数	0.0110	2.023**	0.0305	1.855*
社齢	−0.0022	−1.905*	−0.0070	−4.597***
経営者年齢	−0.0139	−4.187***	−0.0064	−1.715*
右腕の有無	0.2600	3.378***	0.0365	0.462
産業ダミー				
製造業	−0.2432	−2.585**	0.3081	2.586**
運輸・通信業	−0.2573	−1.721*	−0.8165	−2.277***
卸・小売業，飲食店	−0.0661	−0.692	0.2744	2.812**
サービス業	0.1461	1.462	0.2284	1.995***
その他	0.4001	2.653***	0.4182	2.772
売上ダミー				
減収	−0.4395		−0.2456	
横ばい	0.4123		0.7521	
モデルの適合度(Pr>chi2)	0.0000		0.0000	
擬似決定係数	0.0235		0.0246	
対数尤度	−1272.585		−984.822	
サンプル数	1,286		984	

(注) 1. 売上の伸び(前々期→前期)の回答について，「増収」3,「横ばい」2,「減収」1とした順序プロビットで推定.
　　 2. ***1％水準有意，**5％水準有意，*10％水準有意.
　　 3. 産業ダミーは建設業がベース.

表 3.3　経常利益の伸び（全サンプル）

経常利益の伸び	(1) 全体		(2) 30人以上	
	係数	擬似 t 値	係数	擬似 t 値
従業員数	0.0033	3.433***	0.0007	0.401
社齢	−0.0033	−4.095***	−0.0031	−1.877*
経営者年齢	−0.0106	−5.032***	−0.0138	−3.566***
右腕の有無	0.1150	2.410**	0.1481	1.505
産業ダミー				
製造業	0.0471	0.763	0.1686	1.483
運輸・通信業	−2.4330	−2.511**	−0.1005	−0.684
卸・小売業，飲食店	0.0652	1.079	0.0155	0.123
サービス業	0.2240	3.442***	0.2768	2.210**
その他	0.4059	4.204***	0.5044	2.183**
売上ダミー				
減益	−0.4046		−0.6419	
横ばい	0.5058		0.2738	
モデルの適合度(Pr>chi2)	0.0000		0.0003	
擬似決定係数	0.0147		0.0169	
対数尤度	−3088.018		−896.639	
サンプル数	3,135		897	

	(3) 10～29人		(4) 10人未満	
	係数	擬似 t 値	係数	擬似 t 値
従業員数	0.0156	2.674***	0.0266	1.578
社齢	−0.0017	−1.438	−0.0067	−4.323***
経営者年齢	−0.0106	−3.164***	−0.0071	−1.866*
右腕の有無	0.1596	2.061**	0.0144	0.178
産業ダミー				
製造業	−0.1220	−1.288	0.1865	1.525
運輸・通信業	−0.3542	−2.328**	−0.6084	−1.735*
卸・小売業，飲食店	0.0053	0.055	0.2040	2.038**
サービス業	0.1797	1.765*	0.2666	2.284**
その他	0.3868	2.567**	0.4152	2.723***
売上ダミー				
減益	−0.1480		−0.2268	
横ばい	0.6801		0.8132	
モデルの適合度(Pr>chi2)	0.0000		0.0000	
擬似決定係数	0.0173		0.0224	
対数尤度	−1246.350		−925.794	
サンプル数	1,271		967	

(注) 1. 経常利益の伸び(前々期→前期)の回答について，「増益」3,「横ばい」2,「減益」1とした順序プロビットで推定.
　　 2. ***1％水準有意，**5％水準有意，*10％水準有意.
　　 3. 産業ダミーは建設業がベース.

ある．産業も運輸・通信業が負，サービス業とその他の産業が正で有意である．そして右腕ダミーは5%水準で正で有意である．規模別に右腕の効果をみると，30人以上規模では有意でない．売上における結果と異なるところである．そして10～29人では正で有意で，10人未満では売上と同じく有意でない．

売上と利益の伸びに対する右腕の結果をまとめると，10～29人ではどちらも正で有意，10人未満ではどちらも有意でない．そして30人以上規模の企業においては，売上では正で有意，利益では有意でないことになる．解釈は難しいところもあるが，おおよそいえるのは次のことである．従業員規模が10人をこえると，右腕の存在は経営業績にプラスの効果を与える．ただ30人以上で経常利益については効果がない結果になっている．

3.4 業種別分析

業種別に同じ推計をしてみる．その結果をまとめたのが表3.4である．サービス業とその他の産業において売上・利益とも右腕の存在がプラスにはたらいている．製造業では，どちらも有意でない．社齢が両方とも負で有意，従業員数が利益において，正で有意である．

製造業において右腕の効果があらわれていない．製造業は993社あり，右腕のいない企業が22.1%あるので，産業中分類別にみてみる．サンプルが30社以上ある12の業種について調べた．

ところが結果は10%水準で右腕が有意な業種は1つもなかった．20%水準では，売上において「衣服・その他の繊維製品製造業」が正で有意，利益において，「食料品製造業」が負で有意，「出版・印刷・同関連製造業」が正で有意であった．なぜ右腕が製造業において，これほど効果がないのかはよく分からない．

表3.4 産業別右腕の存在の効果

	建設業	製造業	運輸・通信業	卸・小売業 飲食店	サービス業	その他
売上			+(**)	+(*)	+(*)	+(***)
利益	+(*)				+(**)	+(***)

(注) ***1%水準有意，**5%水準有意，*10%水準有意．空欄は有意でない．

3.5 開業者

開業者にしぼって分析する．開業者の方が事業継承者よりも経営ノウハウなどが不足している可能性が大きいと考えられるので，右腕の存在がより重要だと思われる．冨田 [2000] も開業者について右腕の分析を行っている．

開業者は全体の 41.7% の 1,679 社あった．このサンプルで，前と同じように順序プロビット分析を行う．

結果は表には示していないが，右腕ダミーについてこれまでの結果と大きく異なる．右腕ダミーは規模計で売上，利益ともに有意ではない．売上は 10% 水準に少しだけ達しないだけで 20% 水準では有意だが，利益は有意でない．規模別にみても右腕はほとんど有意でなく，ただひとつ利益について，30 人以上が 10% 水準で有意であるにすぎない．予想に反して開業者のほうが，右腕の存在がきいていない．

冨田 [2000] によると，売上高（我々のように伸びではなく，売上そのもの）について 30 人未満については，右腕が家族・親族以外の社員のとき正で有意で，家族・親族が右腕のときは貢献していない．30 人未満は，どちらも有意である．これが「三谷調査」による結果である．そこで右腕を 3 つにわけ共同経営者，社員，親族（家族ふくむ）のそれぞれのダミーをつくる．たとえば共同経営者ダミーであれば，右腕が共同経営者＝1 で，それ以外（他のタイプの右腕ありと右腕なし）＝0 となる．この 3 つのダミーを入れて順序プロビットで回帰させる．

売上について，社員ダミーが 10% 水準で正で有意であった（表 3.5 を参照）．共同経営者や親族の右腕は有意でない．表にはないが経常利益については，どれも有意でない．規模別にみても有意なものはほとんどなく，ただ 1 つ売上の 10〜29 人規模で親族が 5% 水準で有意である．

3.6 どんな右腕が貢献しているのか

どのような右腕が売上や利益に貢献しているかをみよう．社員や親族などの違いについては前項でみたそれ以外に，右腕のプロフィールとして，性，年齢，勤続年数，学歴がわかる．右腕のいる企業についてこれまでと同じ順序プロビットを用いるが，説明変数は，右腕ダミーそのものでなく，右腕の性ダミー，

表 3.5 売上の伸び（開業者）

売上の伸び	係数	擬似 t 値
従業員数	0.0043	2.38**
社齢	−0.0037	−1.72*
経営者年齢	−0.0208	−5.53***
右腕ダミー		
共同経営者	0.1952	1.38
社員	0.1636	2.04*
親族	1,413	1.64
産業ダミー		
製造業	0.1814	1.63
運輸・通信業	−0.2526	−1.88
卸・小売業，飲食店	0.1660	2.00**
サービス業	0.1481	1.48
その他	0.6740	4.15***
売上ダミー		
減益	−1.0050	
横ばい	−0.1831	
モデルの適合度(Pr>chi2)	0.0000	
擬似決定係数	0.0283	
対数尤度	−1341.55	
サンプル数	1,321	

(注) 1. 売上の伸び(前々期→前期)の回答について，「増収」3,「横ばい」2,「減収」1とした順序プロビットで推定.
2. *** 1% 水準有意，** 5% 水準有意，* 10% 水準有意.
3. 産業ダミーは建設業がベース.

右腕の年齢，右腕の当社での勤続年数，右腕の学歴ダミーを用いる．すなわち，右腕が存在する企業のなかで，どのような右腕のいる企業が売上などの経営パフォーマンスがよいかをみるわけである．右腕の学歴の回答のないものが多いが，それでも 1,000 を超えるサンプルで推定できる．

（i）売上

表 3.6 の (1) 欄に，売上の結果がある．社齢が若いほど，経営者の年齢が若いほど売上は伸びている．さて右腕の属性の結果をみると，まず右腕が男女いずれでも関係ない．また右腕の勤続年数も有意でない．右腕の年齢は負で有意なので，若い右腕のほうがよい．右腕の学歴は文系大卒（院卒含む）が 1% 水準で正で有意，理系大卒（院卒含む）が 5% 水準で負で有意である（中卒・高卒ベース）．

規模別に推定した結果によると，性ダミーが 30 人以上の企業でのみ，10%

第3章　右腕が中小企業の経営業績に与える影響

表3.6　右腕の属性と経営業績・経営戦略

	(1) 売上の伸び		(2) 経常利益の伸び	
	係数	擬似 t 値	係数	擬似 t 値
従業員数	0.0022	1.42	0.00506	3.21***
社齢	−0.0045	−3.47***	−0.0028	−2.10**
経営者年齢	−0.0128	−3.57***	−0.014	−3.84***
右腕ダミー				
右腕の性ダミー	−0.8470	−0.61	0.5288	0.37
右腕年齢	−0.0087	−2.19**	−0.0056	−1.39
右腕勤続	−0.0055	−1.52	−0.0055	−1.49
右腕学歴ダミー				
専門・専修卒	0.1104	0.87	−0.1779	−1.35
短大・高専卒	0.2147	1.10	0.1854	0.93
文系大卒	0.2663	3.33***	0.1602	1.99**
理系大卒	0.2582	2.11**	0.2272	1.85*
その他	0.2873	0.43	0.2493	0.37
モデルの適合度(Pr>chi2)	0.0000		0.0000	
擬似決定係数	0.0362		0.0327	
対数尤度	−1262.29		−1224.230	
サンプル数	1,245		1,377	

	(3) 競争力		(4) 事業拡大方針	
	係数	擬似 t 値	係数	擬似 t 値
従業員数	0.004	2.53**	0.0026	1.59
社齢	−0.002	−1.58	−0.0053	−4.06***
経営者年齢	0.0058	1.58	−0.0079	−2.10**
右腕ダミー				
右腕の性ダミー	−0.1880	−1.35	−0.049681	−0.34
右腕年齢	−0.0124	−3.08***	−0.0039	−0.93
右腕勤続	0.0020	0.56	−0.0157	−4.19***
右腕学歴ダミー				
専門・専修卒	−0.0218	−0.17	0.0035	0.03
短大・高専卒	0.4000	2.00**	0.156	0.74
文系大卒	0.0689	0.84	0.14242	1.68*
理系大卒	−0.0250	−0.20	0.0337	0.27
その他	−0.9468	−1.41	−0.2788	−0.39
モデルの適合度(Pr>chi2)	162.0000		0.0000	
擬似決定係数	0.0145		0.0484	
対数尤度	−1034.12		−946.14	
サンプル数	1,262		1,262	

(注)　1.　たとえば売上の伸び(前々期→前期)の回答については，
　　　　「増収」3，「横ばい」2，「減収」1とした順序プロビットで推定．
　　　　(2) (3) (4) については，表3.3, 表3.11, 表3.12の注を参照．
　　　2.　***1%水準有意，**5%水準有意，*10%水準有意．
　　　3.　産業ダミーでコントロールしているが，結果は省略．
　　　4.　右腕の性ダミーは，男＝1，女＝0．
　　　5.　右腕の学歴ダミーは，中卒・高卒がベース．

水準で負で有意,すなわち女性の右腕のほうが売上の伸びが大きい.右腕の年齢は 30 人以上規模でのみ 5% 水準で負で有意である.

右腕の勤続年数は,10〜29 人の規模で 1% 水準で負で有意である.右腕の学歴は,30 人以上ではすべて有意でなく,10〜29 人規模で文系大卒,理系大卒が 10% 水準で正で有意,10 人未満で文系大卒が 1% 水準で正で有意である.

まとめると,右腕は若いほど,文系の大卒であるほど(30 人以上除く),売上の伸びに貢献している.

(ⅱ) 利益

同じ推定を利益について行うと,右腕の学歴で大卒が正で有意となる(表 3.6 の(2)欄を参照).年齢や勤続年数はきいていない.

規模別にみると,右腕で有意な変数は少なく,10〜29 人規模で理系大卒(1% 水準)が正で有意なだけである.

以下,4 節で詳しく分析する競争力と事業拡大方針についての,同じ分析結果を表 3.6 の(3)(4)欄に掲載しておき,説明は第 4 節で行う.

(ⅲ) 経営者と右腕の学歴

経営者の学歴と右腕の学歴は,どのような関係にあるだろうか.右腕が存在する企業で,経営者と右腕の学歴のわかる 1,810 社についてみてみよう.社長の学歴として少ない専門・専修学校(5.7%),短大・高専卒(2.8%)をのぞいて社長の学歴と右腕の学歴のマトリクスを表 3.7 でみよう.

同学歴の組合せが多いが,中・高卒の社長より学歴の高い右腕のいる企業が約 3 分の 1,大卒の社長より学歴の低い右腕のいる企業が半分以上いる.

また文系大卒の社長は文系大卒の右腕が多く,理系大卒の右腕は平均よりも少ない.理系大卒の社長は,理系大卒の右腕が 22.2% と平均を大きく上回り,逆に,文系大卒の右腕は 23.5% と平均を下回る.少なくとも大卒の社長は,自分の分野を補う右腕というより,自分と同じような出身の右腕を好んでいる.

問題は,どの組み合せが,これまで分析した経営パフォーマンスに効果的かである.2 つの方法で確かめてみよう.1 つはサンプル数のある程度多い組み合せにおけるその企業の経営パフォーマンスをはかる.経営パフォーマンスのスコアの平均と標準偏差を求める.もう 1 つの方法は,社長の学歴別に,先に行った順序プロビット分析を行ってみる.

表 3.7 社長の学歴と右腕の学歴の関係

社長の学歴 \ 右腕の学歴	中・高卒	専門・専修 短大・高専	文系大卒	理系大卒	N
中・高卒	28.8 64.5	3.1 9.3	8.6 19.3	3.1 6.9	809
文系大卒	14.9 45.0	3.2 9.7	12.8 38.6	2.1 6.4	598
理系大卒	5.5 42.3	1.4 11.1	3.0 23.5	2.9 22.2	234
％	53.8	10.4	26.6	8.8	1,810

(注) 上段が全体に占める割合（％），下段が行に占める割合（％）．社長の専門・専修・短大・高専卒の数値は除く．学歴の「その他」の数値は除く．

　表 3.8 が学歴の組み合せ別の経営パフォーマンスの平均と標準偏差である．これによると，
1) まず社長が理系大卒で右腕が文系大卒の組合せがスコアの点数が高い．この 10 のグループのなかですべてのスコアが第 1 位である．理系大卒の社長には，文系大卒の右腕があうといえよう．
2) 次に社長が中・高卒の場合，おおむね大卒の右腕のほうがそれより低い学歴の右腕のケースよりスコアが高い．
3) 全体的に中・高卒の右腕のいる企業でのスコアが低い．

表 3.9.1, 表 3.9.2 が順序プロビットによる結果で，次のようにまとめられる．
1) 社長が中・高卒の場合，売上についてのみ文系大卒の右腕の効果がある．
2) 社長が専門・専修学校卒の場合，売上，競争力，事業拡大意欲について理系大卒の右腕の効果がある．
3) 社長が文系大卒の場合，売上，事業拡大意欲において短大・高専卒の右腕の効果がある．競争力では文系大卒の右腕の効果がある．
4) 社長が理系大卒の場合，売上において文系大卒の右腕の効果があり，利益において短大・高専卒の右腕の効果がある．

　この 2 つの分析の結果から，文系大卒の社長は，右腕も文系大卒が多いが，経営パフォーマンスが高いのは右腕が短大・高専卒の場合であることが 1 ついえる．2 つめにいえることは，理系大卒の社長は，相対的に右腕も理系大卒で

表 3.8 学歴の組合せ別経営パフォーマンスのスコア

	社長の学歴	右腕の学歴	サンプル数	売上スコア		利益スコア		競争力スコア		事業拡大スコア	
				平均	標準偏差	平均	標準偏差	平均	標準偏差	平均	標準偏差
1	中・高卒	中・高卒	403〜478	1.67	0.77	1.60	0.78	2.10	0.59	2.42	0.54
2		専門・専修卒	46〜53	1.77	0.76	1.48	0.62	2.06	0.60	2.55	0.54
3		文系大卒	123〜147	1.83	0.83	1.76	0.79	2.16	0.50	2.50	0.54
4		理系大卒	46〜54	1.83	0.87	1.83	0.80	2.13	0.55	2.46	0.61
5	文系大卒	中・高卒	218〜252	1.62	0.75	1.64	0.76	2.07	0.55	2.41	0.56
6		文系大卒	178〜221	1.83	0.83	1.80	0.81	2.08	0.56	2.50	0.55
7		理系大卒	24〜35	1.84	0.85	1.79	0.83	2.00	0.64	2.46	0.56
8	理系大卒	中・高卒	74〜89	1.55	0.70	1.65	0.77	2.02	0.45	2.40	0.54
9		文系大卒	43〜52	2.09	0.81	1.95	0.82	2.15	0.57	2.56	0.50
10		理系大卒	37〜50	1.82	0.90	1.89	0.84	2.02	0.55	2.52	0.50

(注) 各スコアについては，本文または表3.2，表3.3，表3.11，表3.12，の（注）を参照．

あることが多いが，経営パフォーマンスについては，むしろ右腕が文系大卒のほうが良い可能性がある．3つめは中・高卒の社長をはじめとして，自分と同じ学歴の右腕よりも，高い学歴の右腕のほうが経営パフォーマンスが高い可能性が大きいことである．

(ⅳ) 右腕の採用方針や勤続年数

表 3.6 によれば，右腕の勤続年数は競争力を除いて，マイナスの効果をもつ（ただし負で有意なのは事業拡大方針のみ）。マイナスということは最近，入社した右腕のほうが経営パフォーマンスに効果がありそうだということである．

右腕の勤続年数については，最初から即戦力としての右腕として採用したか，ある程度経ってから，右腕に育ったのかも関連している．ゆえに右腕の勤続年数以外に右腕の採用方針（はじめから右腕として採用したのか，社内で育って右腕になったのか）を加えて分析しなければならない．そこで，右腕の年齢，勤続のほかにその右腕の採用方針を説明変数に加えて順序プロビット分析を行った．右腕が社員であるものに限っている．結果は表 3.10 のとおりである．

採用方針でコントロールしても右腕の勤続年数は競争力を除いて負で有意であるから，最近入社した右腕のほうが経営業績に効果をあげていることがわかる．また採用方針ダミーをみると，利益については，「はじめから右腕として社外採用」と「はじめから右腕として出向・転籍」が正で有意である．売上と

表 3.9.1　経営者の学歴別右腕の属性と経営業績

経営者の学歴	売上					利益				
	中・高卒	専門・専修卒	短大・高専卒	文系大卒	理系大卒	中・高卒	専門・専修卒	短大・高専卒	文系大卒	理系大卒
従業員数	$-$(**)	$+$(**)				$+$(**)	$+$(**)	$+$(**)		
社齢	$-$(***)	$-$(***)		$-$(****)		$-$(*)		$-$(*)	$-$(**)	
経営者年齢						$-$(***)		$-$(***)		
右腕ダミー										$+$(**)
右腕の性ダミー	$-$(**)	$-$(**)		$-$(**)		$+$(**)				
右腕年齢			$-$(**)	$-$(**)				$-$(*)	$-$(*)	
右腕勤続										
右腕学歴ダミー										
専門・専修卒	$+$(*)			$+$(**)						
短大・高専卒				$+$(*)						
文系大卒					$+$(**)					
理系大卒										
その他										
モデルの適合度(Pr)chi2	0.0031	0.0138	0.0903	0.0001	0.0261	0.0042	0.3099	0.0059	0.0013	0.0606
擬似決定係数	0.0227	0.1490	0.2408	0.0408	0.0638	0.0231	0.0825	0.4083	0.0344	0.0560
対数尤度	-570.54	-67.82	-25.75	-412.27	-159.73	-541.89	-70.87	-17.92	-406.28	-160.49
サンプル数	565	73	31	410	161	556	73	30	408	158

(注)　1．産業ではコントロールしていない．
　　　2．右腕の性ダミーは，男＝1，女＝0．
　　　3．右腕の学歴ダミーは，中卒・高卒がベース．

表 3.9.2　経営者の学歴別右腕の属性と経営戦略

経営者の学歴	競争力				事業拡大方針			
	中・高卒	専門・専修卒	文系大卒	理系大卒	中・高卒	専門・専修卒	文系大卒	理系大卒
従業員数	+(***)							
社齢		+(*)			+(*)			
経営者年齢				+(*)	+(**)			
右腕ダミー								
右腕の性ダミー	+(*)							
右腕年齢			+(***)					
右腕勤続					+(***)		+(**)	+(**)
右腕学歴ダミー								
専門・専修卒						+(**)		
短大・高専卒		+(***)				+(**)		
文系大卒			+(***)				+(*)	
理系大卒								
その他								
モデルの適合度(Pr>chi2)	0.2564	0.0482	0.0401	0.1645	0.0137	0.0696	0.0001	0.0412
擬似決定係数	0.0128	0.1522	0.0277	0.0600	0.0246	0.1787	0.0536	0.0836
対数尤度	-479.14	-55.15	-333.35	-120.66	-442.04	-42.65	-317.75	-111.41
サンプル数	574	75	415	162	574	75	415	162

(注)　***1％水準有意，**5％水準有意，*10％水準有意．

表 3.10 右腕の採用方針と経営パフォーマンス

	売上	利益	競争力	事業拡大方針
従業員数		+(***)	+(**)	
社齢	−(***)	−(*)		−(***)
経営者年齢	−(***)	−(*)		
右腕年齢	−(*)		−(***)	
右腕の勤続	−(*)	−(**)		−(***)
採用方針ダミー				
・中途育成				
・即戦力新卒採用				
・即戦力社外採用		+(*)		
・出向・転籍	−(*)	+(*)	−(**)	
・その他				
産業ダミー				
製造業			+(**)	+(**)
運輸・通信業				+(*)
卸小売業,飲料	+(*)			+(***)
サービス業	+(***)	+(***)		+(***)
その他	+(***)	+(***)		+(***)
疑似決定係数	0.037	0.0362	0.0014	0.059
サンプル数	1,052	1,040	1,013	979

(注) 1. ***1%水準有意,**5%水準有意,*10%水準有意
2. 空欄は有意でない.
3. 「採用方針ダミー」は「新卒で採用した人材が,その後右腕に育った」がベース.「中途育成」は「中途採用した人材が,その後右腕に育った」.「即戦力新卒採用」は「はじめから右腕として育てるつもりで採用し育てた」.「即戦力社外採用」は「はじめから右腕として社外から採用した」.「出向・転籍新卒で採用した人材が,その後右腕に育った」がベース.

競争力について,出向・転籍が負で有意である.最初から即戦力として右腕を採用し,その右腕の勤続が短いほど利益が伸びていることがわかる.

4. 経営戦略と右腕の関係

4.1 現在の競争力

競争力(経営者みずからの評価だが)と右腕の存在は,どのような関係にある

表 3.11　競争力の決定要因

	(1)		(2)	
	係数	擬似 t 値	係数	擬似 t 値
従業員数	0.0029	2.80***	0.0033	3.260***
社齢	−0.0015	−1.79	−0.0015	−1.860*
経営者年齢	−0.0001	−0.05	−0.0006	−0.270
右腕ダミー				
右腕の有無	0.4642	9.00***		
共同経営者			0.4372	4.710***
社員			0.4471	8.230***
親族			0.4444	7.320***
産業ダミー				
製造業	0.1475	2.26**	0.1552	2.380**
運輸・通信業	−0.0645	−0.65	−0.08	−0.810
卸小売業, 飲料	0.079	1.26	0.0736	1.180
サービス業	0.52	0.75	0.0407	0.590
その他	0.1322	1.26	0.1424	1.360
競争力ダミー				
弱い	−0.6352		−0.39200	
まあまあ	0.43		0.4861	
モデルの適合度(Pr>chi2)	0.0000		0.0000	
擬似決定係数	0.0215		0.0221	
対数尤度	−2355.33		−2384.57	
サンプル数	2,867		2,895	

(注)　1.　みずからの会社の競争力に対する回答について,「強い」3,「まあまあ」2,「弱い」1 とした順序プロビットで推定.
　　　2.　*** 1% 水準有意, ** 5% 水準有意, * 10% 水準有意.
　　　3.　産業ダミーは建設業がベース.

のだろうか. 表 3.1 から, おおむね右腕のいる企業ほど競争力が強いと感じているが, ここでは厳密な手法で分析してみよう.

　同業同規模の他社と比べての競争力の回答について,「強い」3,「まあまあ」2,「弱い」1 として順序プロビットで推定した.「わからない」と回答したサンプルは除いて推定した.「わからない」の回答割合は, 競争力で 6.3 %, つぎの事業拡大方針で 4.1 % にすぎない. 説明変数は, 第 3 節の企業業績で行った分析のものと同じである.

　推定結果 (表 3.11) をみると, まず右腕の存在は有意に正である. そして規

表 3.12 事業拡大方針の決定要因

	(1) 係数	(1) 擬似 t 値	(2) 係数	(2) 擬似 t 値
従業員数	0.002	1.94*	0.0021	2.04**
社齢	−0.0053	−6.20***	−0.0052	−6.11***
経営者年齢	−0.0126	−5.48***	−0.0125	−5.37***
右腕ダミー				
右腕の有無	0.2358	4.54***		
共同経営者			0.2564	2.69***
社員			0.2184	3.97***
親族			0.1891	3.08***
産業ダミー				
製造業	0.1275	1.92*	0.12810	1.94***
運輸・通信業	0.0619	0.62	0.0532	0.53
卸小売業,飲食店	0.3252	5.04***	0.324	5.05***
サービス業	0.2403	3.40***	0.2364	3.35***
その他	0.3692	3.42***	0.3854	3.59***
拡大ダミー				
事業縮小	−0.4221		−0.2991	
現状維持	−0.3005		0.4643	
モデルの適合度(Pr〉chi2)	0.0000		0.0000	
擬似決定係数	0.0248		0.025	
対数尤度	−2238.56		−2257.56	
サンプル数	2,867		2,895	

(注) 1. 今後の経営方針に対する回答について,「事業拡大」3,「現状維持」2,「事業縮小」1 とした順序プロビットで推定.
2. *** 1% 水準有意, ** 5% 水準有意, * 10% 水準有意.
3. 産業ダミーは建設業がベース.

模が大きいほど,社齢が若いほど競争力は強いと自負している.右腕の存在は競争力に対する自信と強く関係している.

右腕の属性別には,前掲の表 3.6 の(3)欄をみればわかる.競争力については,従業員数が多いほど強い.そして右腕の性や勤続は関係なく,右腕の年齢が若いほど,そして短大・高専卒であれば競争力は強い.

規模別にみると,右腕の変数で有意なものは少なく,30 人以上規模で右腕の年齢が若いほど競争力が強く(5% 水準)右腕の短大・高専卒(5% 水準)が

正で有意であるだけである．

表3.6の売上や利益における結果と異なるところは，短大・高専卒の右腕の優位性である．しかし理由はよくわからない．

4.2 事業拡大方針

今後の経営方針と右腕の関係をみよう．表3.12が推定結果である．規模が大きいほど，経営者の年齢が若いほど，会社が若いほど事業拡大への意欲は強い．そして右腕の存在も1%水準で正で有意である．右腕がいるから事業が拡大できる．もちろん事業拡大のために右腕を採用したという解釈も成り立つが，即戦力としての右腕の採用は多数を占めていないので，右腕がいるから事業が拡大できるといえる．

表3.6の(4)欄で事業拡大方針と右腕の属性との関係をみると，右腕の勤続が短く（1%水準），文系の大卒であるほど事業拡大意欲が強い（10%水準）．

規模別にみると，30人未満で右腕の勤続が負で有意（1%水準）であるだけである．

5. 右腕がいない企業

右腕のいない企業が4分の1あったが，そのうち，どのような企業が右腕としての人材を望んでいるかどうかをみる．965社のうち「右腕が欲しい」経営者が72.7%，「とくに欲しくない」経営者が23.7%である．

右腕が欲しい具体的な理由に以下のようなものが多かった（表3.13）．

企業拡大により経営者1人ではうまくいかず，自分と同程度の業務管理ができる人材がほしい，といった趣旨のようである．

そこで，右腕を希望している企業を1，希望していない企業を0として，プロビット分析をおこなった．説明変数は，従業員規模，社齢，経営者年齢，産業ダミー，そして従業員の増加率である．最後の増加率は，ここ2年間のものと1年間のものを用いた．ところが表3.14の(1)(2)欄にみられるように，経営者年齢のみが負で有意である．つまり若い経営者ほど，右腕に対するニーズが強い．しかし，従業員増加率は，有意でなく，しかも係数は負である．従業

第 3 章　右腕が中小企業の経営業績に与える影響

表 3.13　右腕となる人材が欲しい理由

1)	エリア拡大，事業規模の拡大により，資金調達から日常業務全般の管理が必要となったため．
2)	企業規模が拡大し，日常業務全般の管理を責任を持って遂行できる人材．
3)	企業拡大により業務全般及び戦略の提案など将来に向けてシステム的な感性に富んでいる人材．
4)	店舗が多くなったので管理できる人材が必要．
5)	トップセールスに力を入れたいが日常業務全般を管理できる人材がいないため会社を出れない．
6)	営業エリア拡大にともないサブとしてサポートしてもらいたいから．
7)	公的業務が多忙のため日常業務を管理できる人材が必要．
8)	企業規模が拡大（市役所より指名業者として受注）し，日常業務が多くなり全般を管理できる人材の登用を近い将来必要とされる．
9)	日々に追われる仕事が多く，さまざまな情報や施設など自分で確かめることができない．出来るだけの経験と知識を得たい（経営をしていくために）．
10)	社長の個人商店から早く脱却したい．

表 3.14　右腕の希望の決定要因

	(1)		(2)		(3)	
	係数	擬似 t 値	係数	擬似 t 値	係数	擬似 t 値
従業員数	−0.0021	−0.830	−0.0023	−0.940	−0.0024	−0.955
社齢	0.0016	0.771	0.0019	0.928	0.0029	1.368
経営者年齢	−0.0105	−2.046**	−0.0102	−2.003**	−0.0081	−1.546
2 年間の雇用増加率	−0.1061	−1.079			−0.1758	−1.592
1 年間の雇用増加率			−0.0605	−0.341		
事業拡大意欲					0.5799	5.156***
産業ダミー						
製造業	0.0064	0.044	0.0259	0.179	−0.0161	−0.109
運輸・通信業	0.2557	1.032	0.2815	1.137	0.2715	1.070
卸・小売業，飲食店	−0.0309	−0.221	−0.0202	−0.146	−0.0935	−0.655
サービス業	0.0314	0.221	0.0599	176.000	−0.0383	−0.252
その他	−0.1528	−0.703	−0.1629	−0.758	−0.1763	−0.800
定数項	1.2287	4.235***	1.185	4.096***	0.9256	3.086***
モデルの適合度 (Pr>chi2)	0.4175		0.4973		0.0000	
擬似決定係数	0.0102		0.0092		0.0413	
対数尤度	−448.6042		−453.1550		−433.1580	
サンプル数	804		807		803	

(注)　1. 事業拡大意欲ダミーは，「事業拡大する」が 1 でそれ以外が 0．
　　　2. ***1% 水準有意，**5% 水準有意，*10% 水準有意．
　　　3. 産業ダミーは建設業がベース．

員規模別に同じ推定をおこなっても，すべて有意でない．またほとんどの規模で係数は負だが，5〜9人規模で，どちらの増加率も係数が正になっている．

　企業がある規模を超えると，やはり社長1人ではたちまわらず，右腕を必要とする，という仮説が考えられるが，この推定結果では，うまくでていない．おそらく過去の従業員の増加率よりも，これからの規模拡大のほうが関係しているためであろう．ただ，5〜9人規模で，有意ではないが係数が仮説どおり正となっている．従業員規模が10人をこえそうなときに，右腕を必要とする切迫感がわいてくるのかもしれない．

　過去の雇用者の伸びでなく，これからの雇用の伸びをはかるものとして事業拡大意欲を用いてみよう．今後の経営方針で，「事業拡大する」を1，「それ以外」（現状維持，事業縮小，わからない）を0としたダミー変数を作成して，プロビット推定を行う．結果は表3.14の(3)欄で「事業拡大意欲」ダミーは正で1%水準で有意である．さきの自由記述にみられるように，事業を拡大しようとするときに右腕が必要とされる．

6. おわりに

　中小企業において右腕の存在が，どのように経営業績や経営戦略に関係しているかを分析した．4社に3社右腕が存在するが，右腕のいる企業は，いない企業よりも，売上や経常利益に貢献し，事業拡大も強く，競争力にも自信をもっている．

　とくに右腕が親族以外の社員のときに効果があり，文系大卒の右腕がよい．年齢は若いほどよく，はじめから右腕として中途や出向・転籍で採用したケースで経営パフォーマンスがよい．右腕のいない企業でも，事業拡大意欲の強い企業ほど右腕を望んでいる．

　「右腕」の労働市場の発展・充実をさせれば，中小企業の生産性向上そして雇用創出がはかられる可能性が大きいことが示唆される．とくに大企業からの右腕も少なからず貢献しており，昨今の大企業における有能だが過剰だとされる（管理職）従業員の再就職先に有望であろう．このような労働市場を整備することも1つの重要な政策課題である．

参考文献

キャンプ，ロバート・C.（高橋智弘監訳）［1996］『ビジネス・プロセス・ベンチマーキング』生産性出版.

中小企業総合研究機構［2000］『中小企業技術人材育成研究報告書』〈99－2〉.

Delaney, John T., and Mark A. Huselid [1996] "The Impact of Human Resource Management Practices on Perceptions of Organizational Performance", *Academy of Management Journal*, vol. 39, No.4.

Gerber, Michael E. [1995] *The E-Myth Revisited ; Why Most Small Business Don't Work and What to Do About it*, Harper business.

川喜多喬［1992］「創業型製造業における人材問題と人材育成」『創業型製造業における雇用行動と人材育成』（日本労働研究機構調査研究調査書第17号）.

Perry-Smith, Jill E. and Terry C. Blum [2000] "Work-Family Human Resource Bumdles and Perceived Organizational Performance", *Academy of Management Journal*, Vol. 43. No. 6.

Powell, T. C., [1992] "Organizational alignment as competitive advantage", *Strategic Management Journal*, 13.

冨田安信［2000］「中小企業における右腕従業員：そのキャリアと貢献度」日本経済学会報告論文，三谷直紀・脇坂明編［2002］『マイクロビジネスの経済分析』東京大学出版会に所収.

第4章 転職と情報[*]
——成功した転職者にみる情報収集

大木　栄一

1. はじめに——問題意識

　個人からみた企業間移動について移動の方法別に整理すると，①出向から転籍，②転籍，③転職，④派遣から転職，の4つに分けることができる[1]．このなかの出向から転籍および転籍に関しては，多くの研究蓄積があり[2]，転職よりも出向から転籍に移行する企業間移動の方が，移動者と受け入れ企業の両者にとっていくつかの利点があることが明らかにされている．たとえば，受け入れ企業からすると，移動者の職業能力を実務を通じて判断することが，可能となる．移動者にとっては，自己の職業能力を活かすことができる仕事や職場であるかどうかを実務を通じて確認できる．また，中堅・中小企業に上級の管理職として勤務する場合は，仕事の内容だけでなく，経営トップとの円滑な人間関係の構築が不可欠であるが，こうした点の確認も可能となる．その場合においても，出向・転籍前に出向・転籍先の会社や仕事などに関する情報を十分に入手した者ほど，現在の勤務先での仕事や処遇に関して満足度が高くなる[3]．つまり，情報の入手は能力や適性の発揮が可能な勤務先であるかどうかなどの

---

[*]　本章を作成するにあたり，研究会メンバーから多くの助言をいただいた．加えて，データの分析に関しては，研究会メンバーの黒澤昌子委員および日本労働研究機構の下村英雄研究員（下村英雄 [1996]）から多くの助言を頂いた．記して謝意を表したい．しかしながら，本章に関する責任はすべて筆者にある．
1)　高年齢者雇用開発協会 [1997] を参照．また，最近の転職についての調査研究には電通総研 [1995] や猪木・連合総合生活開発研究所 [2001] がある．
2)　代表的な研究として永野 [1989] を参照．
3)　社会経済生産性本部 [1996a, 1996b] を参照．

第 4 章 転職と情報　　　　　　　　　　　　　　　　　　87

判断が事前にでき，納得した移動（出向・転籍）の選択が可能になる．
　では，こうしたことは転職という企業間移動にも同じように確認できるのであろうか．加えて確認できたとしたら，どのような個人特性，転職理由，職業経験や求職方法（入職経路）をとってきた者がより多くの移動先に関するさまざまな情報を入手できたのであろうか．こうしたことを明らかにするのが本章のねらいである．なお，分析はこれまでの職業経験を考慮するために，特定ニーズ調査の個人アンケート調査のなかで，移動先（現在の会社）に勤めはじめた年齢が 30 歳以上の移動者（1,131 名）のみを対象とした．
　本章は以下のように構成されている．次節では，情報入手の程度と移動後の成果について明らかにするとともに，情報の量と質の面から考察する．第 3 節は，事前情報の入手の程度と移動者の個人特性，転職理由，職業経験や求職方法（入職経路）との関係を考察する．第 4 節では，第 3 節での考察をふまえて，多変量分析を使い情報量の規定量の規定要因を明らかにする．最後に，第 2 節から第 4 節までに見いだされたことをもとめるとともに，残された課題を解決するために政策的なインプリケーションを提示する．

2. 情報収集活動と移動後の成果

2.1 情報入手の程度（情報量）と移動後の成果

　転職しようとする者は，転職時には移動先についての何らかの情報を入手しているはずである．そのような事前情報の量は，転職後の成果にも影響を与えると考えられる．情報が多いほど，移動後のより適切な行動をうながすはずだからである．特定ニーズ調査の個人調査では，移動先の企業情報や移動後の労働条件に関する情報など 10 項目（「会社の業績や将来性」「会社の経営方針」「経営トップの人柄や社風」「勤務後の年収」「勤務後の職位」「勤務後の仕事内容」「職務後の部下や上司」「労働時間・休日・休暇」「福利厚生」「能力開発」）について，事前にどの程度の情報を入手したかを問うている．その情報入手度をスコア化（情報入手度の平均値は「十分に入手できた」を 4 点，「ある程度入手できた」を 3 点，「あまり入手できなかった」を 2 点，「ほとんど入手できなかった」を 1 点として計算した．10 項目すべて「十分入手できた」場合には 40 点，逆に，すべて「ほとん

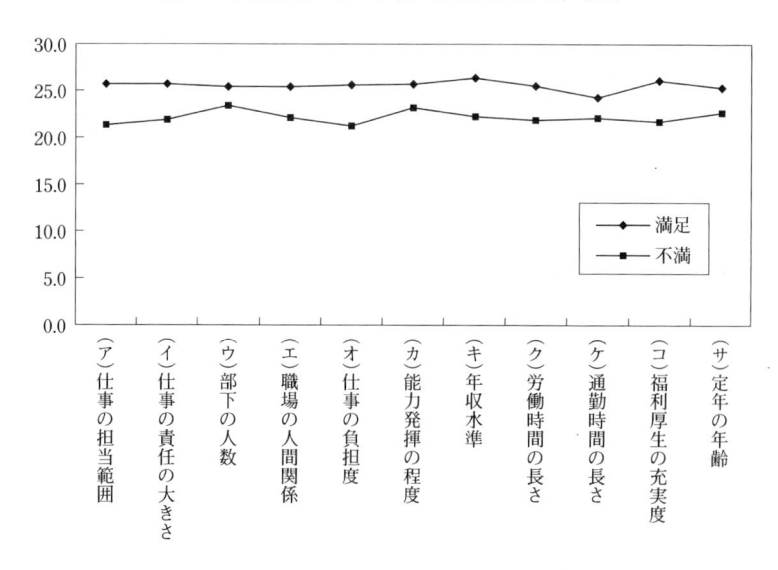

図 4.1 満足度別にみた事前の情報入手度（平均値）

（ア）仕事の担当範囲
（イ）仕事の責任の大きさ
（ウ）部下の人数
（エ）職場の人間関係
（オ）仕事の負担度
（カ）能力発揮の程度
（キ）年収水準
（ク）労働時間の長さ
（ケ）通勤時間の長さ
（コ）福利厚生の充実度
（サ）定年の年齢

（注）1. （ア）〜（サ）は 1% 以下の水準で有意.
2. 平均値は以下のように計算した．情報入手度の項目は 10 項目あり，「十分に入手できた」を 4 点，「ある程度入手できた」を 3 点，「あまり入手できなかった」を 2 点「ほとんど入手できなかった」を 1 点として計算した．最高 40 点，最低は 10 点になる．

ど入手できなかった」場合には 10 点となる）し，満足派と不満派の平均値を示したのが図 4.1 である．図 4.1 はスコアが大きいほど，情報入手度が高くなっている．同図から明らかなように，満足派の方が有意により多くの情報を事前に入手しており，より多くの事前情報は転職後の成果を高める効果があることがわかる．

加えて，転職後の会社や職場での適応状況と情報入手度との関係をみると，現在の会社への求職活動の段階により多くの企業情報や仕事内容に関する情報を入手できていた転職者では，転職後に自分の能力を発揮するまでの期間が短くなる．さらに，より多くの情報が入手できていた転職者では，転職までに習得していた経験や知識の転職後の仕事に活用度が高くなっており，より多くの事前情報は転職後の成果を高める効果がある．（表 4.1 を参照）．

表 4.1 情報入手の程度と「能力が十分に発揮できるまでの期間」・「移動後におけるこれまでに習得した経験や知識の活用度」との関係

		平均値	件数	標準偏差
合計		23.92	1,131	7.61
習得した経験や知識の活用度	活かせている	25.54	433	7.50
	ある程度活かせている	24.16	395	7.37
	どちらともいえない	22.82	119	7.02
	あまり活かせていない	21.32	112	7.29
	活かせていない	18.00	63	7.02
能力が十分に発揮できるまでの期間	入社後すぐに	26.24	240	7.41
	3ヶ月程度	24.24	182	7.07
	半年程度	24.05	157	7.42
	1年程度	22.81	140	7.65
	1年半程度	22.25	88	7.03
	まだ能力を十分発揮できていない	22.44	153	7.80
	入社して期間が短いのでわからない	22.97	155	7.85

(注) 平均値の計算方法は図4.1の(注)2による.

2.2 情報入手の程度（情報の質）と移動後の成果

就業情報には，大別として外延的な情報と集約的な情報がある[4]．外延的な情報（extensive）とは，賃金，従業員数，事業内容などのように誰でも入手できる，客観的に把握できる情報である．反対に，集約的な情報（intensive）とは，職場の雰囲気や昇進の見通しのように職場内部の者にしかわからない仕事の進め方や経営者に関する情報で，数値化が難しいような質的な情報でもある．

表 4.2 から明らかなように，転職者は移転先企業の社風や入社後の仕事内容ならびに労働条件について，完全な情報を得ているわけではなく，現在の会社で働きはじめる前に，転職者が「十分に入手できた」または「ある程度入手できた」とする割合の高いものとしては，「勤務後の仕事内容」（73.5％），「労働時間」（67.8％）であり，少ないものは「能力開発」（27.7％），「会社の経営方針」（35.8％），「勤務後の部下や上司」（38.0％）であり，集約的な情報よりも外延的な情報を得ていることがわかる．市場へ行き渡っている市場情報は入手しやす

---

[4] 渡辺［1999］の第4章および渡辺［2001］を参照．

表 4.2　事前に入手できた現在の会社に関する情報

(単位：%)

	十分に入手できた	ある程度入手できた	あまり入手できなかった	ほとんど入手できなかった	無回答
会社の業績や将来性	6.8	36.1	23.6	29.7	3.8
会社の経営方針	7.6	28.2	25.1	34.7	4.3
経営トップの人柄や社風	13.6	31.0	21.5	29.4	4.4
勤務後の年収	10.7	40.7	20.9	23.2	4.5
勤務後の職位	11.9	34.7	21.4	26.6	5.4
勤務後の仕事内容	21.1	52.3	12.7	10.2	3.6
勤務後の部下や上司	10.5	27.5	26.7	30.1	5.2
労働時間・休日・休暇	20.9	46.9	16.0	12.6	3.6
福利厚生	12.0	34.2	25.4	23.4	4.9
能力開発	5.6	22.0	33.1	33.8	5.4

いが，会社の内部に関する非市場情報への接近は難しい[5]．しかし，全般的にどの情報についても「十分に入手できた」という者の割合は少なく，入社後の職位や年収などの基本情報でさえも，十分に入手できたのは10%程度に過ぎない．さらに，入社前に入手できた情報の質と転職者との関係をみると，どのような情報であっても，それを入手できた転職者の方が転職後の満足度は高くなっている．なかでも，有意に転職者の満足度を高めるのは年収や職位などではなく，むしろ経営トップの人柄や社風，仕事の内容，労働時間や休日および能力開発についての情報，つまり集約的な情報である[6]．

では，アンケート調査で用意した10項目の事前情報はどのような組み合わせになっているのであろうか．つまり，入手した事前情報の組み合わせの違いが，転職後の成果にも影響を与えると考えられるからである．情報量が増えるほど，不確実性が低くなり転職するリスクは回避されるが，同時に情報処理コストは高まる．とりわけ，人間を介した情報処理は情報量に対して費用が逓増的になる．そのため，逓増的な情報処理コストを低く抑えるためには把握すべき情報の範囲を限定する必要がある．そのため，まず，各項目間の関係についてみると，会社の業績や将来性に関する情報を十分入手できた転職者は会社の

---

5) 注4) と同じ．
6) 黒澤 [2000] を参照．

表 4.3　事前情報項目の相関関係（相関係数）

	会社の業績や将来性	会社の経営方針	経営トップの人柄や社風	勤務後の年収	勤務後の職位	勤務後の仕事内容	勤務後の部下や上司	労働時間・休日・休暇	福利厚生	能力開発
会社の業績や将来性	1.000									
会社の経営方針	0.737	1.000								
経営トップの人柄や社風	0.646	0.750	1.000							
勤務後の年収	0.502	0.536	0.508	1.000						
勤務後の職位	0.528	0.585	0.524	0.693	1.000					
勤務後の仕事内容	0.497	0.488	0.514	0.541	0.547	1.000				
勤務後の部下や上司	0.535	0.610	0.643	0.492	0.575	0.576	1.000			
労働時間・休日・休暇	0.420	0.475	0.448	0.548	0.504	0.584	0.521	1.000		
福利厚生	0.494	0.545	0.490	0.524	0.509	0.473	0.537	0.630	1.000	
能力開発	0.612	0.688	0.621	0.512	0.545	0.484	0.614	0.511	0.692	1.000

経営方針に関しても情報を十分入手しており，こうした傾向は 10 項目すべてに共通してみられる．さらに，各項目間ごとの相関係数にみても，項目間ごとに高い相関関係がみられる（表 4.3 を参照）．

最後に，10 項目について，主成分分析を行ったところ表 4.4 に示したように，1 つの成分しか抽出されず，これらの情報の入手可能性は互いに高い相関をもっていることが分かる．つまり，1 つの情報について入手した者はそれ以外の情報についても同様に情報を入手している．転職者は事前情報を自分なりに選んで入手しているのではなく，入手しようという意欲のある者は，どのような情報であれ，より多くの情報を入手しようとしていることがわかる．転職者の情報確保への貪欲さが移動後の成果の可否に大きな影響をおよぼす可能性が高いことがわかる．

表 4.4　入手した情報の主成分分析

	成分 負荷量
会社の業績や将来性	0.771
会社の経営方針	0.833
経営トップの人柄や社風	0.797
勤務後の年収	0.754
勤務後の職位	0.781
勤務後の仕事内容	0.737
勤務後の部下や上司	0.791
労働時間・休日・休暇	0.723
福利厚生	0.763
能力開発	0.818
分散	6.050
説明率（％）	60.470

（注）　負荷量はバリマックス回転後の値である．

3. 職業経験・求職方法と情報入手の程度

　より多くの情報を事前に入手した転職者ほど，転職後の成果が高いことが分かった．加えて，事前情報の入手可能性は互いに高い相関をもっており，1つの情報について入手した者はそれ以外の情報についても同様に情報を入手しており，転職の成果は入手した事前情報の組み合わせの違いよりも入手した情報の量の多さに影響を受けることが分かった．したがって，以下では，情報の量に注目して話を進めることにしたい．
　では，どのような個人特性，転職理由，職業経験や求職方法（入職経路）をとってきた転職者がより多くの移動先に関するさまざまな情報を入手できたのであろうか．こうしたことをこの節では明らかにしよう．

3.1　個人特性との関係

　転職者の個人特性のなかで，年齢と最終学歴に注目し，どのような情報収集活動の特徴があるかをみてみよう（表 4.5 を参照）．前者の年齢に関してみると，

表 4.5 情報入手の程度と転職者の年齢・最終学歴との関係

	平均値	件数	標準偏差
合計	23.92	1,131	7.61
30代	23.97	381	6.95
40代	23.64	392	7.53
50代	24.26	296	8.34
60代	23.81	62	8.52
中・高校卒	23.35	689	7.62
専門・専修学校卒	23.34	102	7.48
短大・高専卒	23.38	55	7.81
大学・大学院卒（文系）	25.56	178	7.11
大学・大学院卒（理系）	26.15	85	7.52

（注） 平均値の計算方法は図4.1の(注)2による．

年齢にかかわらず，入手できた情報の量はほぼ同じであり，年齢が高いからといって，より多くの情報を入手できたわけではない．これに対して，後者の最終学歴に注目すると，大学・大学院卒者はこれ以外の学歴の移動者に比べて，さらに，大学・大学院卒者のなかでも理系出身者ほど，より多くの事前情報を入手している．大学・大学院卒者（理系出身者）ほど，自分の専攻分野やこれまでの仕事内容が自分自身のなかで明確化しやすいため，希望する会社や仕事内容などに関する情報に効率的に接近することができたからであろう．加えて，教育水準の高い労働者は情報収集において有利な人的なつながり（ネットワーク）をもっているからであろう．教育水準の高い労働者はサイズの大きい（構成人数）ネットワークをもち，これが高学歴の労働者の広範囲に網（ネットワーク）を投げることができるので，さまざまな資源に接近できるのであろう[7]．

3.2 入職理由との関係

移動先の企業を選んだ理由（複数回答）は，「やりがいのある仕事ができるから」(31.0%)，「これまでと同じ仕事ができるから」(24.6%)，「社長の人柄が気にいったから」(17.8%)，「地元出身だから」(16.0%)，「会社の将来性があるから」(15.4%)，などとなる（15%以上の指摘率）．転職先を決める条件として，

---

7) Granovetter [1974] を参照．

表 4.6 「現在の会社に勤めた理由」の主成分分析

	将来性・やりがい	労働条件	勤務地	知人	仕事	リストラ(R)
賃金がよかったから	−0.049	**0.606**	−0.062	0.086	−0.138	0.077
労働時間が短いから	−0.135	**0.409**	0.227	−0.434	0.177	−0.055
福利厚生がよかったから	0.247	**0.593**	0.120	0.050	0.128	0.008
管理職になれる見込みが高かったから	0.016	0.347	−0.160	−0.098	0.378	0.323
これまでと同じ仕事ができるから	−0.234	−0.132	−0.050	0.386	**0.602**	0.184
やりがいのある仕事だから	**0.637**	−0.107	−0.216	−0.323	0.002	0.257
モノづくりが好きだから	0.274	−0.299	0.149	−0.161	0.289	−0.035
知人・友人・先輩がいるから	0.054	0.148	−0.028	**0.686**	0.052	0.009
会社の将来性があるから	**0.665**	0.194	−0.087	0.066	−0.036	−0.139
地元で評判がよい会社だから	**0.410**	0.193	0.349	0.323	−0.026	−0.278
社長の人柄が気に入ったから	**0.555**	−0.071	0.108	0.179	0.085	0.169
転勤がないから	−0.082	0.198	**0.687**	−0.165	−0.008	−0.034
前勤務先での倒産・廃業・リストラにより	−0.101	−0.112	−0.152	−0.052	0.117	**−0.790**
地元出身だから	0.037	−0.240	**0.705**	0.065	−0.003	0.205
家業を引き継ぐから	−0.131	−0.039	−0.026	0.055	**−0.653**	0.248
分散	1.57	1.34	1.30	1.14	1.11	1.07
説明率（％）	10.49	8.92	8.68	7.57	7.38	7.12

(注) リストラ(R)は転職(入職)理由がリストラでない程度を示す．

仕事に関してはやりがいがある仕事であるかどうかやキャリアの連続性を確保できるかどうか，会社に関しては社長の人柄や会社の将来性が重視されている．社長の人柄が重視されているのは，中小企業のため一般従業員も社長と直接接する機会が多く，社長の人柄が社風などにも影響をするためと考えられる．

　こうした移動先の企業を選んだ理由の関連性を分析するために主成分分析を行った．その結果，表 4.6 に示したように，「将来性・やりがい」（やりがいのある仕事だから，会社の将来性があるから，地元で評判のよい会社だから，社長の人柄が気に入ったから），「労働条件」（賃金がよかったから，労働時間が短かったから，複利厚生がよかったから），「勤務地」（転勤がないから，地元出身だから），「知人」（知人・友人，先輩がいるから），「仕事」（これまでと同じ仕事ができるから，家業を引き継ぐからではない），「リストラ」（以前の勤務先での倒産・廃業・リストラでない）の 6 つの因子を抽出することができた．

　この 6 つの因子と情報入手の程度との関連をみると（表 4.7 を参照），「将来

第4章 転職と情報

表 4.7 情報入手の程度と転職（入職）理由との関係

	相関係数
将来性・やりがい	0.24**
労働条件	0.05
勤務地	−0.05
知人	0.15**
仕事	0.02
リストラ(R)	0.08**

(注) 1. **$p<.01$
2. リストラ(R)は転職（入職）理由がリストラでない程度を示す．

性・やりがい」，「知人」および「リストラでない」という理由で現在の会社を選んだ転職者ほど，より多くの事前情報を入手しており，移動先の会社を選んだ理由によっても入手した情報の量も異なる．つまり，リストラでないためある程度余裕をもって情報を集め，加えて，移動先に知人・友人・先輩等がいて，会社に関する適切な内部情報を得ているため，会社の将来性や個人のやりがいが判断できたと解釈することもできる．

3.3 求職方法（入職経路）との関係

現在の勤務先への入職経路（転職につながった経路：複数回答）は，「ハローワーク（公共職業安定所）・人材銀行」(41.2%)などの公的組織を中心に，「友人・知人の紹介」(25.8%)および「親兄弟・親戚の紹介」(12.9%)などの個人的ネットワークに加え，「求人情報誌」(20.4%)および「新聞・チラシ・張り紙等の求人広告」(20.3%)などの情報媒体が多い．また，現在の会社への転職につながったもっとも有力な経路については「ハローワーク（公共職業安定所）・人材銀行」(26.9%)」「友人・知人の紹介」(19.2%)「現在の会社からの誘い」(11.2%)の3つが多い．

こうした利用した媒体（転職につながった最も有力な媒体）と情報入手の程度との関連をみると（表4.8を参照），「以前の勤務先」，「以前の勤務先の取引先等」および「現在の会社からの誘い」を利用した転職者ほど，より多くの事前情報を入手している．こうした「人的つながり」による求職方法は出向・転籍に近い形式であるためより多くの情報（とくに，会社内部にかかわる情報）を

表 4.8　情報入手の程度と求職方法（入職経路）との関係

	平均値	件数	標準偏差
パソコン通信・インターネット	30.00	2	8.49
以前の勤務先	28.98	51	6.79
現在の会社からの誘い	28.10	182	6.42
以前の勤務先の取引先等	27.57	76	7.22
親兄弟・親戚の紹介	25.00	60	8.36
民間の職業紹介機関	23.92	12	8.78
友人・知人の紹介	22.97	211	7.21
ハローワーク（公共職業安定所）・人材銀行	21.51	314	6.72
求人情報誌	21.17	53	6.10
新聞・チラシ・張り紙等の求人広告	19.41	81	6.49
合計	23.92	1,131	7.61

（注）　平均値の計算方法は図 4.1 の（注）2 による．

入手することができたのであろう[8]．これに対して，「求人情報誌」，「新聞・チラシ・張り紙等の求人広告」および「ハローワーク（公共職業安定所）・人材銀行」などの「フォーマルな方法」を利用した転職者ほど，入手した事前情報は少なく，利用した媒体によっても入手した情報の量も異なる．

3.4　これまでの職業経験との関係

これまでの職業経験に関しては，①直前の勤務先の業種，②直前の勤務先の規模，③直前の勤務先での最高職位，④これまでの勤務先での教育・研修の受講経験，の4つに注目し，どのような情報収集活動の特徴があるかをみてみよう．

第一に，直前の勤務先の業種に注目すると（表 4.9 を参照），金融・保険業に勤務していた転職者ほど，より多くの事前情報を入手している．金融・保険業に勤務していた転職者ほど，転職に際して，「以前の勤務先」，「以前の勤務先の取引先等」および「現在の会社からの誘い」などの人的つながりを利用した者が多いからである．つまり，直前の勤務先が金融・保険業である転職者の転

---

[8]　こうした点に関しては，アメリカについては，Granovetter ［1974］および日本については渡辺 ［1999］からも確認できる．

表 4.9 情報入手の程度と直前の勤務先での業種・規模・最高職位との関係

	平均値	件数	標準偏差
合計	23.92	1,131	7.61
[直前の勤務先の業種別]			
建設業	24.00	163	7.59
製造業	22.94	265	7.46
卸売業	23.21	84	7.85
小売業	23.75	96	7.60
飲食店	24.69	26	8.24
金融・保険業	27.44	62	7.79
不動産業	23.11	18	8.07
運輸・通信業	24.14	91	7.39
サービス業	24.22	190	7.69
官公庁・団体	23.15	34	8.30
[直前の勤務先の規模別]			
5人以下	24.74	138	8.26
6〜10人	23.69	131	7.15
11〜20人	23.57	173	7.47
21〜50人	24.13	198	7.70
51〜100人	22.30	137	7.14
101〜300人	23.93	139	7.75
301〜1,000人	23.82	85	7.10
1,001人以上	25.96	112	7.77
[直前の勤務先での最高職位別]			
一般	22.40	523	7.39
係長・主任クラス	24.19	257	7.06
課長クラス	26.15	137	6.93
次長クラス	26.57	51	8.54
部長クラス	27.24	78	7.61
役員クラス以上	24.27	60	8.62

(注) 平均値の計算方法は図 4.1 の(注)2 による．

職は出向・転籍に近い形式の移動であるからであろう．これに対して，製造業に勤務していた転職者ほど，入手した事前情報は少なく，直前の勤務先によっても入手した情報の量も異なる．

　第二に，直前の勤務先の規模に注目すると，規模と入手できた情報の量の間には明確な関係がみられず，たとえ，5人以下の零細企業に勤務していたとしても，転職者の意欲によって，移動先に関する情報を入手することも可能であ

る．

　第三に，直前の勤務先での最高職位に注目すると，就いていた最高職位が高くなるほど，より多くの事前情報を入手している．高い職位に就いて転職者ほど，金融・保険業に勤務して転職者と同様に，「直前の勤務先」，「直前の勤務先の取引先等」および「現在の会社からの誘い」などの人的つながりを利用した者が多いからである．つまり，高い職位に就いている転職者ほど，出向・転籍に近い形式で移動しているからである．

　第四に，以前の勤務先での教育・研修の受講経験に注目すると（表4.10を参照），受講経験がない転職者ほど，入手した事前情報は少ない．これに対して，「民間の教育訓練機関」および「学術団体（学会）」で教育・研修を受講した経験がある転職者ほど，有意により多くの情報を入手している．このような外部教育訓練機関を利用することにより，社外における情報収集活動のノウハウを習得するだけでなく，勤務先だけのせまい人間関係だけでなく，幅広い人間関係を形成することができ（企業外のネットワークの形成），そのことが転職時の情報収集活動にも大きく貢献しているからであろう．

表4.10　情報入手の程度と以前の勤務先での教育・研修の受講経験との関係

	平均値	件数	標準偏差
大学・大学院での勉強会・研究会への参加など	25.27	41	7.79
学術団体（学会）の講習会・勉強会	25.18	90	7.45
民間の教育訓練機関が実施する講習会	24.77	344	7.39
設備機器メーカーが実施する講習会	24.47	183	7.21
専門学校・各種学校での研修	24.28	54	7.76
通信教育の受講	24.27	179	7.85
親会社等での研修	24.20	218	7.25
商工会議所などでの研修	24.14	134	7.21
従業員同士の交流会や勉強会・工場見学会	24.13	434	7.33
工業技術センター（工業試験場）等の講習会	23.84	74	6.70
職業訓練校等での教育訓練	22.95	62	6.82
受けたことがない	22.40	263	7.97

（注）　平均値の計算方法は図4.1の(注)2による．

4. 情報の量の規定要因

　クロス集計分析からは，いくつかの変数が事前情報の入手の程度に影響を与えることが推測された．これらの変数の間には相互に関連があることも考えられる．その場合，ある変数と事前情報の入手の程度の関係は「みかけ上」のものにすぎないこともある．したがって，この疑問にこたえるために，重回帰分析により情報の量の決定要因を計測しよう．分析により説明されるのはスコア化された事前情報の入手の程度で，スコアが大きいほど入手した情報が多くなるようにする．そのような情報の入手の程度の変化を説明する変数は，これまでのクロス集計で用いたスコア化や数量化されたいくつかの変数である．具体的には，移動者の個人特性からは「年齢」と「最終学歴（大卒以上）」の 2 変数，入職の理由に関しては，因子分析して得られた「将来性・やりがい」「労働条件」「勤務地」「知人」「仕事」「リストラ」の 6 変数，求職方法（入職経路）に関しては，件数が少ない変数を除いて，「新聞等の求人広告（求人情報誌＋新聞・チラシ・張り紙等の求人広告）」「ハローワーク」「以前の勤務先」「以前の勤務先の取引先」「現在の会社からの誘い」「知人等の紹介」「親兄弟・親戚の紹介」の 7 変数，これまでの職業経験に関しては，「直前の勤務先での最高職位（係長・主任以上）」「これまでの勤務先での教育・研修の受講経験」「これまでに経験した仕事分野数」の 3 変数，である．

　なお，これらの変数のうち，「年齢」は実年齢をそのまま説明変数として使用し，入職の理由の「将来性・やりがい」「労働条件」「勤務地」「知人」「仕事」「リストラ」などの変数については因子得点を求めて，説明変数として使用した．また，「これまでに経験した仕事分野数」については分布に偏りがみられたことから，これまでに経験した仕事分野数が 4 以上の場合は 4 として，説明変数として用いた．これら以外の変数は，すべてダミー変数であり，変数名として示されている事柄に該当する場合に 1，そうでない場合を 0 とした．たとえば，「最終学歴（大卒以上）」では，最終学歴が大卒以上の場合に 1，そうでない場合を 0 とした．また，求職方法（入職経路）が「ハローワーク」では，ハローワークを通じて入職した場合を 1，そうでない場合を 0 とした．

表4.11は重回帰分析の結果を示している．入手できた情報の量の大小について，統計的に有意（有意水準5％以下）となる説明変数は，「求職方法：新聞等の求人広告」，「求職方法：ハローワーク」，「求職方法：以前の勤務先」「求職方法：以前の勤務先の取引先」「求職方法：現在の会社からの誘い」：「求職方法：知人の紹介」，「入職理由：将来性・やりがい」「入職理由：労働条件」「入職理由：知人がいるから」，「教育・研修の有無」，「直前の勤務先での最高職位：係長・主任以上」，「最終学歴：大卒以上」である．

以前の勤務先で外部教育訓練機関での教育・研修を受けたことがある場合，あるいは，直前の勤務先での最高職位が係長・主任以上の場合，最終学歴が大

表4.11 情報の量の決定要因（重回帰分析）

モデル	係数	t値	有意確率
現在の年齢	−0.023	−0.916	
求職方法（入職経路）			
新聞等の求人広告	−4.014	−4.403	**
ハローワーク	−2.614	−3.265	**
以前の勤務先	3.814	3.246	**
以前の勤務先の取引先	2.435	2.326	*
現在の会社からの誘い	2.050	2.348	*
知人等の紹介	−2.345	−2.802	**
親兄弟等の紹介	−0.649	−0.578	
入職の理由			
将来性・やりがい	1.348	6.567	**
労働条件	0.598	2.930	**
勤務地	−0.244	−1.217	
知人	0.736	3.524	**
仕事	0.017	0.085	
リストラ（R）	0.367	1.808	
教育・研修の受講経験の有無	−1.592	−3.753	**
直前の勤務先の職位が係長・主任以上	1.469	3.275	**
経験した仕事分野数	−0.326	−1.733	
最終学歴（大卒以上）	1.507	3.019	**
（定数）	26.128	19.707	

（注） 1. **p＜.01, *p＜.05, $R^2=.228$，調整済み $R^2=.216$
　　　　$F(18/1,087)=17.87$**
　　 2. リストラ（R）は転職（入職）理由がリストラでない程度を示す．

卒者である場合は転職時に入手できた情報量が多い．加えて，会社の「将来性・やりがいがあるから」「労働条件がよいから」「知人がいるから」という理由で転職した者は転職時に入手できた情報量が多い．さらに，求職方法として，「以前の勤務先」「以前の勤務先の取引先」「現在の会社からの誘い」を転職時に利用した者は入手できた情報量が多いが，これに対して，「新聞等の求人広告」「ハローワーク」「知人等の紹介」を転職時に利用した者は入手できた情報量が少ない．ただし，「知人等の紹介で転職」した場合には転職時に入手できた情報量は少ないのに対して，移動先に「知人がいるから」という理由で転職した者は情報量が多いことに注意が必要であろう．つまり，「知人の紹介」と「知人を理由」は相互に重なる部分が多く，「知人の紹介」で転職した人のうち約55％は「知人を理由」に転職している．また，「知人の紹介」「知人を理由」はどちらも，①求職期間が短く，②現在の勤務先としか面接をしていないという点で共通している．ただし，両者で異なる点も多い．たとえば，「知人を理由」に転職した者は，①年齢が高く，②正社員として働いた年数が長く，③以前の会社の取引関係のある会社に転職しており，④一番経験年数の長い仕事の経験年数が長く，⑤現在の会社以外で得た知識・技能をいかしており，⑥入社後すぐに力を発揮しており，⑦昨年の年間収入が高い．という特徴をもっている．他方，「知人の紹介」で転職した者は，以前の会社の取引関係のある会社に転職していないという特徴をもっている．

　以上のことから，「知人の紹介」「知人を理由」は相互に重なる部分も大きいが，厳密にほかの変数の影響を取り除いて重回帰分析を行うと，それぞれの異なる側面が拡大化し，まったく逆方向の結果になることが考えられる．さらには，「知人の紹介」「知人を理由」で同じ「知人」でも異なる「知人」像が考えられる．「知人の紹介」の「知人」は移動先の会社の情報をどの程度もっているかはわからない，あるいは，もっていたとしても会社内部の情報をもっているのかも分からない者であるのに対して，「知人を理由」の「知人」は移動先の会社の内部情報に精通している者であるため，同じ「知人」でもその知人がもっている情報の質や量はおのずと異なるのである．

　以上，情報量に影響を与える変数を整理すると，個人特性では「最終学歴」，「転職（入職）理由」，転職に際して「利用した媒体（求職方法）」，これまでの

職業経験では「外部教育訓練機関での教育・研修の有無」と「直前の勤務先での最高職位」の5つであるが、とくに、移動時にどのような媒体を利用したのか、あるいは、どのような求職方法であったのかが、情報量に大きく影響をおよぼすことがわかる．

5. おわりに――残された課題とその課題を解決するためには

　本章で明らかになった点を簡単に整理すると3つにまとめられる．
　第一に、出向・転籍と同様に、より多くの事前情報は転職後の成果を高める効果がある．会社や仕事の選択に必要な情報を入手できていた者では、転職後の仕事の満足度が高くなるだけでなく、転職後に能力を十分に発揮できるようになるまでの期間が短くなったり、転職までに習得していた経験や知識の転職後の仕事への活用度が高くなっている．
　第二に、事前情報の入手可能性は互いに高い相関をもっており、1つの情報について入手した者はそれ以外の情報についても同様に情報を入手しており、転職の成果は入手した事前情報の組み合わせの違いよりも入手した情報の量の多さに影響を受ける．つまり、転職者は事前情報を自分なりに選んで入手しているのではなく、入手しようという意欲のある者は、どのような情報であれ、より多くの情報を入手しようとしており、転職者の情報確保への貪欲さが転職後の成果の可否に大きな影響をおよぼす可能性が高い．
　第三に、事前情報の入手の程度に影響を与える変数は、個人特性では「最終学歴」、「転職（入職）理由」、転職に際して「利用した媒体（求職方法）」、これまでの職業経験では「外部教育訓練機関での教育・研修の有無」と「勤務先での最高職位」の5つの要因であることがわかった．加えて、5つの要因のなかでも、どのような求職方法をしたかが、事前情報の入手の程度に大きな影響を与えていることがわかった．
　ただし、ここでは、転職者個人の変数のみを利用して、分析を行っており、当然ながら、移動先である会社側の要因も無視できないが、事前情報の入手の程度に影響を与える変数は、会社側の要因よりも転職者個人側の要因の方が強い可能性があると考えられる．それは、入手しようという意欲のある者は、ど

のような情報であれ，より多くの情報を入手しようとしており，転職者の情報確保への貪欲さや情報へ接近するための努力（日頃からの企業外のネットワークの構築など）がより多くの事前情報を入手するカギを握っていると考えるからである．

　しかし，会社側の要因を無視することができない．とくに，人的ネットワークを有効に活用することができない移動者にとっては，求職者に対する企業の情報提供のあり方について，改善の余地が大きいといえる．とりわけ数値化が難しいような質的な情報の提供努力が必要であるが，こうした情報は入社してはじめて知り得ることが可能である情報であるため，労働市場におけるマッチング機能の向上がはかられたとしても残ってしまう大きな課題の1つである．こうした課題を解決するためには，実際に「その会社」で働いてみるしかないのである．

　とすると，これからは労働市場におけるマッチング機能の向上をはかるだけでなく，制度的に新しい枠組みを構築することも考えなくてはならない．たとえば，現在ある「試用期間制度」[9]の見直しを考えてみてはどうであろうか．「試用期間」を「研修期間」に変えてみてはどうであろうか．ある一定期間を「研修」と位置づけ労働者と企業は雇用契約を結ぶのではなく，研修契約（契約終了後の雇用の義務はない）を結び企業は「賃金」を支払うのではなく，「研修手当（たとえば，手当の額は賃金の8割を支給，企業負担の社会保険料等を免除）」を支払い，その期間の終了後，改めて労働者は企業と正式に雇用契約を結ぶという仕組みである[10]．お互いのことをよく知り合う期間を設けてみてはどうであろうか．「とりあえず，ある一定期間はフルタイムで働いてみる」ということが，情報の非対称性とそれによる不確実を軽減するもっとも効果的で，かつ，効率的な方法ではなかろうか．

---

[9]　試用期間制度については，日本労働法学会編［1982］および山川［1996］を参照．
[10]　こうした枠組みを考えるのに参考になるのが，ドイツで行われている若年者を対象に実施されている「デュアルシステム」である．「デュアルシステム」の概要については，日本労働研究機構［2000］を参照．また，2001年12月からは，ハローワークから紹介された30歳未満の若年者を一定期間試行的に雇用（有期雇用）し，その業務遂行能力を見極めたうえで，本採用（常用雇用）するかしないかを企業が決められる「若年者トライアル雇用制度」が導入された．

参考文献

電通総研（佐藤博樹）［1995］『ホワイトカラーの中途採用の実態に関する調査・ホワイトカラーの転職の条件整備に関する調査』.

玄田有史［2001］『仕事のなかの曖昧な不安―揺れる若者の現在』中央公論新社.

Granovetter, M. [1974], *Getting a Job*, University of Chicago Press (1995, 2nd.) （渡辺深訳『転職―ネットワークとキャリア研究』ミネルヴァ書房，1998年）.

猪木武徳・連合総合生活開発研究所［2001］『「転職」の経済学―適職選択と人材育成』東洋経済新報社.

高年齢者雇用開発協会［1997］『高年齢者の再就職に係る職域拡大に関する調査研究報告書（中間報告）』（佐藤博樹・八代充史・大木栄一・井出久章・西川真規子）.

高年齢者雇用開発協会［1998］『高年齢者の再就職に係る職域拡大に関する調査研究報告書―中高年ホワイトカラーの転職の実態と諸条件』（佐藤博樹・八代充史・大木栄一・井出久章・西川真規子・中村博之）.

黒澤昌子［2000］「企業と転職者から見た円滑な転職の条件」『成長する中小企業における人材の確保と育成』日本商工会議所.

下村英雄［1996］「大学生の職業選択における情報探索方略～職業的意思決定理論によるアプローチ」，『教育心理学研究』第44巻第2号.

社会経済生産性本部［1996a］『中高年からの能力開発と高齢者雇用の促進のための調査研究』（佐藤博樹・永野仁・大木栄一・小倉義和）.

社会経済生産性本部［1996b］『エージレス雇用システムに係る諸問題についての総合的な調査・研究事業（高齢期における職業生活，職業能力形成に関する調査・研究）』（佐藤博樹・永野仁・大木栄一・小倉義和）.

永野仁［1989］『企業内グループの人材移動の研究』多賀出版.

日本労働法学会編［1982］『現代労働法講座　労働契約・就業規則』（第10巻）総合労働研究所.

日本労働研究機構［2000］『ドイツの職業訓練―公共職業訓練の国際比較』（資料シリーズNo.103）（牛尼清治・谷口雄治・大木栄一）.

渡辺深［1999］『転職のすすめ』講談社現代新書.

渡辺深［2001］「ジョブ・マッチング―情報とネットワーク」『日本労働研究雑誌』No.495.

山川隆一［1996］『雇用関係法』新世社.

第5章　円滑な転職のための環境整備[*]
——知らせる仕組みと知る仕組み

黒澤　昌子

1. はじめに

　1つの企業内で雇用が完結するような時代には，労働者の能力は主に企業内での職場訓練で培われ，その情報を企業外に伝達するインセンティブは企業にとっても労働者にとっても小さかった．そのために，労働者の職業上の能力に関する情報を完備する機能が，とりわけ中途採用の労働市場においては整備されてこなかった可能性が高い．しかし厳しい雇用情勢が続き，社会全体での労働力の再配分をうながすことが社会・経済的に大変重要になっている状況のもとで，そうしたあり方は経済全体での最適な人材配置を実現するうえでのむしろ阻害要因のひとつになる．働く人々がそれぞれの能力やニーズにより適合した相性の良い（マッチの質の高い）仕事にスムーズに移動できるような体制をつくりあげてゆかなくてはならないのだが，そのためには，わが国の現時点における中途採用市場の雇用主と労働者との適合性（マッチング）の状況を精査し，中途採用市場がより効率的に機能する条件を明らかにすることが必要である．

　本章では，過去1年間に正社員を中途採用した中小企業への面接調査と，実際に中途採用された従業員への郵送調査とから得られたデータにもとづき，採用後の従業員ならびに企業側の満足度を高めて中途採用市場のマッチング効率

---

[*]　本章は日本商工会議所「人材ニーズ調査」（1999年度，旧通商産業省委託）における筆者の報告ならびに黒澤［2001］に加筆したものである．研究会委員長の佐藤博樹氏をはじめ，研究会委員および事務局の方々，ならびに大橋勇雄氏には多くの貴重なご助言およびサポートをいただいた．心より感謝申し上げたい．なお，本章に含まれ得る誤りはすべて筆者に帰すものである．

を向上させるような,お互いを「知る」そして「知らせる」仕組みとは何かについて考察する[1].

満足度は主観的な指標であるから,それを分析の対象にすることを疑問視する声は多い.しかしながら企業にとっての満足度は,労働者の賃金や訓練コストを生産性から差し引いた収益が高いほど高くなるはずであるし,一方,従業員の満足度は,賃金が他の企業で働くよりどれだけ高いかということだけでなく,職場の人間関係や能力発揮の度合いなど,通常は観察されにくい非金銭的報酬への労働者の評価をも包括した,従業員の社会的厚生を反映する指標である[2].したがって雇用主と労働者双方の満足度の高い中途採用が生じやすい労働市場では,経済全体の労働力資源は効率的に再配分されやすいことになる.

ところが実際の労働市場において,採用時に求人側と求職側がお互いに関して保持している情報は非対称的であるし,労働者が他の就業機会について完全な情報をもっているわけでもない.そこで求人側と求職側は互いに相手についての正確な情報を獲得し,相性の良い相手を選別しようとさまざまな手段を講じているのであるが,そうした情報の不完全性を有効に緩和するような,お互いを「知る」そして「知らせる」仕組みとは何であろうか.具体的には,学歴や教育訓練歴,および就業経験などは中途採用者の能力情報を知らせるシグナルとして有効に機能しているのか.企業側あるいは従業員側の満足度を高めて入社後のミスマッチの低減に寄与する採用手段や情報の種類とは何か.また,それらの手段を講じてもなお求人側に正確に伝わりにくい中途採用者の能力情報とは何か.これらの問題にこたえるために,以下ではまず中途採用市場におけるマッチングの状況を明らかにし,次いで採用前の経験や訓練歴,採用方法や事前情報の入手方法等が中途採用後の労働者と企業の満足度,ならびに転職後の収入や生産性に与える影響を分析する.

---

1) 「知る仕組み・知らせる仕組み」は学習院大学の今野浩一郎先生が発案された用語である.
2) 従業員の満足度が,賃金をコントロールしても離職率に有意な影響を与えるという実証結果は,アメリカのデータを用いた Freeman [1978], Akerlof, Rose and Yellen [1988],さらにドイツのパネルデータを用いた Clark, Georgellis and Sanfey [1998] などに示されている.満足度と欠勤との負の相関については Clegg [1983],満足度と生産性との正の相関については Mangione and Quinn [1975] などの実証分析がある.

2. マッチングの状況

2.1 回答者の属性

本章で利用するデータは，「特定ニーズ調査」の企業に対する面接調査，およびそれらの企業に過去3年の間に正社員として中途採用された従業員に対するアンケート調査より収集されたものである．従業員サンプルの選択においては，同一の業務に2名以上採用したことがあり，かつ調査時点もその2名が勤務している場合にはそうした2名を，またその基準にあてはまる従業員がいない場合は，採用時に35歳以上で調査時点においても勤務している従業員を，それぞれ任意に選択するという方法がとられた[3]．企業への面接調査では，各企業の規模，業種，およびその企業の経営・人材開発戦略のほかに，調査対象となった中途採用者に対する企業側の能力評価や満足度，および採用手段などの情報が収集された．他方，従業員に対する調査では，各人の転職までのキャリアや転職のプロセス，教育訓練歴と訓練ニーズ，ならびに入社後の賃金や訓練時間，転職にともなう仕事の変化や満足度などが調べられた．本章では，企業による従業員の評価データとの照合が可能な1,895人の従業員サンプルを対象にした分析を進める．

サンプルは73.3%が男性であり，採用時の年齢は30歳未満が38.8%，30歳代が25.4%，40歳代が20.5%，50歳以上が14.5%である．最終学歴は中・高卒が58.6%を占め，11.8%が専門学校卒，20.7%が大卒以上となっている．サンプル企業はすべて正社員数125人以下の規模であり，調査時点において従業員サンプルの78.1%が50人以下の企業に勤務している．さらに，従業員サンプルの勤続年数の平均は2.8年で，現在の勤務先を含めてこれまでに正社員と

---

3) 同一企業・同一業務に採用された2人について，その賃金や生産性を調査するというサーベイデザインは，米国のEOPP-NCRVE調査（National Center for Research in Vocational Education [1982]）ならびにNFIB調査（National Federation of Independent Business [1987]）で適用されたものである．これらの調査を用いた研究としては，Bishop [1987, 1991, 1994]，Barron et al. [1989] などがある．「特定ニーズ調査」では，調査対象となった5,000社のうち，4,119社から回答が得られた．さらに，該当する従業員のいる企業から回収された従業員調査票は，全部で3,600名分であった．

して働いた経験年数の平均は15.7年である．業種としては，製造業が25.8%でもっとも多く，次に卸売・小売・飲食業の21.2%，サービス業の19.7%，建設業の15.7%と続く．現在の会社での主な仕事分野としては販売・サービス職（14.8%），営業職（14.6%），製造職（14.4%），および経理・財務（10.1%）が多くなっている．

2.2 転職の実態

中途採用された人々の業種，企業規模，そして職種間移動の実態はどうなっているのだろうか．表5.1は中途採用者が現在の職に就く直前に勤務していた企業の業種と現職の業種との関連を，現在の勤務先の業種に占める割合として示したものである．現在の勤務先と同じ業種から転職してきた人が多いが，とくにその傾向は建設業（44.3%）や製造業（45.6%）で強い．第3次産業，とりわけ金融・保険・不動産業については，当該産業以外の業種から転職するケースも少なくない．

転職前に勤務していた企業の規模と転職後の企業規模との関連をみると，零細企業へは同じく零細企業からの転職が多いが，20人を超える規模の企業では約半数が50人以上の企業からの転職になっている．ただし5人以下の企業

表5.1 以前の勤務先の業種構成（現在の勤務先の業種別）

(単位：%,（　）人)

		前の勤務先の業種								
		合計	建設業	製造業	卸売・小売業・飲食業	金融・保険・不動産業	運輸・通信業	サービス業(官公庁含む)	その他	無回答
現在の勤務先の業種	建設業	100　(298)	44.3	14.8	5.4	5.0	5.0	13.4	10.4	1.7
	製造業	100　(489)	9.6	45.6	13.9	3.9	3.5	14.3	8.0	1.2
	卸売・小売業・飲食業	100　(402)	6.0	13.7	35.8	5.0	4.7	21.9	10.0	3.0
	金融・保険・不動産業	100　(55)	7.3	3.6	14.5	29.1	1.8	21.8	16.4	5.5
	運輸・通信業	100　(145)	7.6	12.4	10.3	2.1	40.0	17.2	9.7	0.7
	サービス業	100　(373)	6.7	15.3	14.5	5.1	4.6	38.6	12.6	2.7
	その他	100　(133)	15.8	18.8	16.5	5.3	9.0	20.3	13.5	0.8
	合計	100　(1,895)	13.9	22.4	17.3	5.2	7.3	21.4	10.4	2.0

の場合でも 10% は大企業（301 人以上）からの転職であるし，逆に 100 人以上の企業の場合でも 36.4% は 5 人以下の零細企業から移動している．

現在の会社で主に従事している仕事の分野と，経験年数のもっとも長い仕事分野（現在の会社での経験も含めて）との関係をみると，ほとんどの職種においてもっとも長く経験した仕事と現在の主な仕事との一致がみられ，その割合はとくに製品開発（73.5%）や情報システム（76.7%）などの専門性の高い分野，あるいは営業（64.5%）などの仕事分野で高くなっている．それに対して管理全般（24.6%）や経営企画（9.1%），人事（32.1%）などは，現在の仕事がもっとも長い経験をもつ仕事と一致する割合が低くなっている．

2.3 転職にともなう変化と適応状況

転職にともない，人々の職業生活はどのように変化しているのだろうか．多くみられる変化は，仕事の担当範囲が拡大したケース（53.5%）や責任が拡大したケース（44.1%），能力発揮の程度が拡大したケース（41.1%），あるいは年収水準が下落したケース（43.8%）などであるが，仕事の負担度が増えた（39.6%），労働時間が長くなった（36.5%），通勤時間が短縮した（36.1%），部下の人数が減った（33.9%），職場の人間関係が良くなった（33.1%）などの変化も 3 割強の中途採用に観察される．転職直前の年収と比べた場合，転職直後の年収は平均すると 5.5% 低下しているが，入社後 2〜3 年たった調査時点の年収は転職前の水準を 7.6% ほど上回る水準に回復している．

こうした変化をともなう転職を経験した従業員に，現在の仕事に対する総合的な満足度を聞いたところ，「非常に満足」が 6.0%，「ほぼ満足」が 48.3% で，満足派の従業員は過半を占め，これに「どちらともいえない」を加えた割合は 81.8% にのぼる．

職業生活のどのような変化が従業員の総合的な満足度を高めるのだろうか．これを調べるために，転職にともなう 11 の職業生活の変化について，その変化の方向（減少，変化なし，増加）に応じてサンプルを 3 つのグループに分け，そのグループごとに従業員の現在の仕事に対する総合的な満足度スコアの平均値を計算したものが図 5.1 である．総合的な満足度を高める効果のもっとも大きいのは職場の人間関係の良好度であり，転職によって人間関係の良好度が高

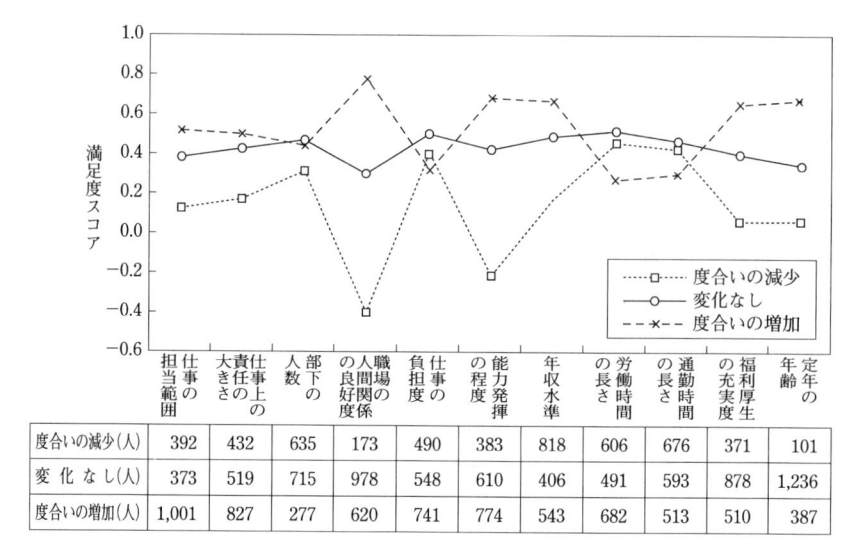

図 5.1 転職による仕事の変化別従業員の満足度スコア（平均値）

	仕事の担当範囲	仕事上の責任の大きさ	部下の人数	職場の人間関係の良好度	仕事の負担度	能力発揮の程度	年収水準	労働時間の長さ	通勤時間の長さ	福利厚生の充実度	定年の年齢
度合いの減少(人)	392	432	635	173	490	383	818	606	676	371	101
変化なし(人)	373	519	715	978	548	610	406	491	593	878	1,236
度合いの増加(人)	1,001	827	277	620	741	774	543	682	513	510	387

（注）従業員の現在の仕事に対する総合的な満足度を，非常に満足＝2，ほぼ満足＝1，どちらともいえない＝0，やや不満＝-1，不満＝-2，としてスコア化したときの平均値．満足度スコアの平均値が3つのグループで互いに等しいという仮説は，「通勤時間の長さ」については5%，それ以外の項目すべてについては1%の水準で棄却される（F-test）．

まったグループと悪化したグループとでは，満足度スコアに1.2ポイントもの差が生じている．賃金の高さだけでなく，人間関係などの職場環境が良好で能力発揮の程度が高く，福利厚生が充実し，継続就業の機会が確保されているほど従業員の満足度は高くなるという傾向をこの図は示している．

では，中途採用者が能力を発揮できるようになるまでに，どれだけの期間が必要なのか．現在の会社に転職してから1年以内に発揮できたというケースが全体の54.1%を占め，入社後3ヶ月以内というケースも約30%にのぼる（図5.2）．さらに，現在の会社以外で得た仕事上の経験や習得した知識や技術を「現在の仕事にどの程度活かせているか」については，全体の63.9%が「活かせている」あるいは「ある程度活かせている」と回答している．

一方，これらの従業員に対する企業側の調査時点での満足度は，「非常に満足している」が13.4%，「ほぼ満足している」が56.4%，「やや不満である」が

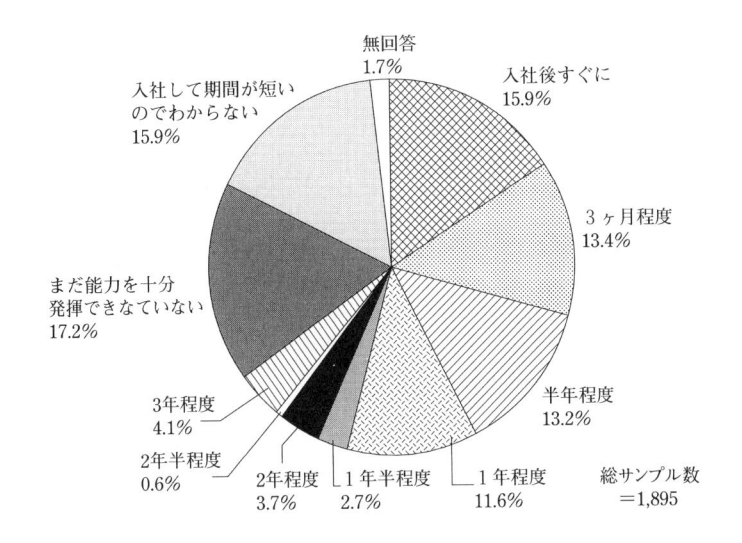

第 5 章　円滑な転職のための環境整備　　　　111

図 5.2　自分の能力を十分に発揮できるまでの期間

- 無回答 1.7%
- 入社して期間が短いのでわからない 15.9%
- 入社後すぐに 15.9%
- 3ヶ月程度 13.4%
- まだ能力を十分発揮できていない 17.2%
- 3年程度 4.1%
- 半年程度 13.2%
- 2年半程度 0.6%
- 2年程度 3.7%
- 1年半程度 2.7%
- 1年程度 11.6%
- 総サンプル数 =1,895

16.3%,「不満である」が 5.3% であり,「非常に満足」と「ほぼ満足」をたすと,満足派は約 70% にまで達している.

　採用直後の訓練量はどうか．本調査では，採用されてから 3ヶ月の間に「集合研修 (Off-JT)」,「上司や先輩が仕事のやり方を教えてくれた時間 (OJT)」,および「他人の仕事をみたり，仕事のマニュアルをみたりして学習した時間 (自己OJT)」という 3 種類の訓練に費やした時間を従業員に聞いている[4]．実施率は Off-JT がもっとも低く，無回答を除く全体の 64.5% がそうした訓練をまったく実施していない．しかしその他の訓練についての実施率は比較的高く，OJT は 85.4%, 自己 OJT は 82.7% となっている．訓練を実施した場合の平均訓練時間は，Off-JT が 33 時間，自己 OJT が 105 時間，OJT が 118 時間であった[5]．

　企業調査ではさらに，同一業務を担当するために正社員として中途採用された従業員 2 名について，同様の業務を担当する中堅社員の業務達成度を 100 と

---

[4]　1日訓練を受けた場合は 8 時間，受講した時間がない場合は 0 と記入してもらった．

した場合に，中途採用者の業務達成度が入社直後にどの程度であったかを聞いている[6]．その平均値は 67.3 であり，これは中途採用者の入社直後の生産性（業務達成度）が，平均すると同様の業務をこなす中堅社員の 67.3% 程度だということになる．入社時点ですでに同一の業務を行う中堅社員と同等かそれ以上の生産性をもつケースも全体の 11.3% 存在する．

入社直後の生産性（業務達成度）を上から 3 つの階級に分け，それぞれについての平均訓練時間を比較すると，確かに上司や先輩による OJT や自己学習による訓練時間は入社時の生産性が中堅社員と比べて低いクラスほど長くなっているが，Off-JT についてはそうした傾向はみられない（表 5.2）．入社直後に行われる集合研修（Off-JT）は，中途採用者の業務習熟度に関係なく実施される傾向をもっているようである．

表 5.2 入社後 3 ヶ月間の平均訓練時間（入社直後の業務達成度別）

（単位：%,（　）人）

		Off-JT 時間	上司や先輩による OJT 時間	自己 OJT 時間
業務達成度	60 以下	13.4　(391)	122.3　(444)	128.4　(426)
	61～80	10.9　(343)	79.0　(370)	82.9　(363)
	81 以上	13.1　(286)	75.2　(329)	82.0　(314)
	合計	12.5　(1,020)	94.7　(1,143)	100.2　(1,103)

（注）該当する訓練を実施していない場合は 0 として計算した平均値

5) 厚生労働省による民間教育訓練実態調査［1998］によると，1997 年の 30～99 人規模事業所における Off-JT 実施率は 43.2%，訓練を受けた人の平均 Off-JT 時間は 1 年間で約 30 時間となっている．Off-JT は入社直後に受ける確率の高いことを考えると，本調査から得られた Off-JT 時間はそれほど極端に非常識な数値ではないといえる．
6) 従業員を評価することは報酬や配置等の決定において不可欠であるが，それを業務達成度として数値化するということになれば，その値への信憑性や測定誤差など，さまざまな問題が浮上する．しかしながら，分析において業務達成度は常に 2 人の従業員を比較するかたちで利用されるため，評価者による評価の甘さの違いや測定誤差も，比較形式によって制御される可能性が高い．ちなみにこの設問に対する有効回答率は 70%（サンプル数 1,895 中）であった．

2.4 企業の従業員に対する満足度と従業員満足度との乖離

　従業員と企業側の満足度にはどのような違いがみられるのであろうか．従業員側の満足度と企業側の満足度とのクロス集計によると，企業側が「非常に満足」している従業員の 62.2% が「非常に満足」あるいは「ほぼ満足」しており，満足派の割合はもっとも高く，企業側の満足度が「ほぼ満足」から「やや不満」へ移行するのにともない，従業員側の満足度も低下していることがわかる（表 5.3）．一方，企業側の満足度に着目すると，従業員自身の満足度が高いほど企業側の満足度も高いという全般的な傾向があるなかで，不満に思う従業員の 72% までに対して企業が満足しているという結果もみられる（表 5.4）．

　従業員にしてみれば，賃金が高いほど，また人間関係などの職場環境が良好で能力発揮の程度が高く，福利厚生が充実しているほど満足度の高くなる傾向

表 5.3　従業員の満足度（企業側の従業員に対する満足度別）

（単位：%，（　）人）

		従業員側満足度						
		合計	非常に満足	ほぼ満足	どちらでもない	やや不満	不満	無回答
企業側満足度	非常に満足	100　(254)	8.3	53.9	26.0	9.1	1.6	1.2
	ほぼ満足	100　(1,068)	6.6	48.2	26.7	10.7	5.9	2.0
	やや不満	100　(309)	3.2	41.4	33.7	14.6	4.2	2.9
	不満	100　(101)	4.0	51.5	25.7	8.9	7.9	2.0
	無回答	100　(163)	4.9	50.9	25.2	16.0	3.1	－
	合計	100　(1,895)	6.0	48.3	27.5	11.5	4.9	1.8

表 5.4　企業の従業員に対する満足度（従業員の満足度別）

（単位：%，（　）人）

		企業側満足度					
		合計	非常に満足	ほぼ満足	やや不満	不満	無回答
従業員側満足度	非常に満足	100　(113)	18.6	61.9	8.8	3.5	7.1
	ほぼ満足	100　(915)	15.0	56.3	14.0	5.7	9.1
	どちらでもない	100　(522)	12.6	54.6	19.9	5.0	7.9
	やや不満	100　(217)	10.6	52.5	20.7	4.1	12.0
	不満	100　(93)	4.3	67.7	14.0	8.6	5.4
	無回答	100　(35)	8.6	60.0	25.7	5.7	－
	合計	100　(1,895)	13.4	56.4	16.3	5.3	8.6

があることは図 5.1 でもすでに確認された．それに対して企業の満足度は，賃金や訓練費用などのコストを差し引いた生産性が高いほど高まるはずであるから，労働者と企業との満足度に乖離が生じるのは当然でもある．しかし従業員の定着率を高めてその努力を有効に引き出し，長期的な生産性の向上を目指すためには，企業にとっても入社した従業員の満足度を高める必要がある．結局，マッチングから得られたレントが企業と従業員のどちらに偏っても市場は円滑に機能しない．市場を通した適材適所配分は，企業と従業員双方の満足できるマッチングが起こりやすい市場ほど効率的に行われるはずである．

企業側からみた満足度と従業員側の満足度，一見対立するかにみえる両者を同時に満たす条件とは何か．その背後にある，お互いの情報を有効に「知らせる」あるいは「知る」仕組みとは何か．これらの問にこたえるために，以下では採用前の経験や採用方法等が従業員と企業それぞれの満足度に与える影響を探ってゆく．その際，生産性（業務達成度）や給与などによってあらわされる収益性への影響をも同時に分析することを通して，マッチングから生じるレントが企業と従業員とのあいだでどのように配分されているかの把握を試みる．

3. 従業員属性・経験と満足度

3.1 従業員属性・訓練経験と満足度

企業の従業員に対する満足度と従業員自身の満足度それぞれについて，「非常に満足」あるいは「ほぼ満足」を「満足」，「やや不満」あるいは「不満」を

表 5.5　企業の従業員に対する満足度・従業員の満足度（性別）

(単位：％，（　）人)

	合計	企業の従業員に対する満足度		従業員の満足度		
		満足	不満	満足	どちらともいえない	不満
男性	100 (1,389)	69.9	21.6	55.0	27.6	17.1
女性	100 (477)	69.6	21.0	54.9	28.5	14.9
無回答	100 (29)	65.5	34.5	6.9	10.3	3.4
合計	100 (1,895)	69.8	21.6	54.2	27.5	16.4

(注) 無回答を含む比率．

「不満」として分類し，男女別にクロス集計したものが表 5.5 である．驚くことに，双方の満足度に男女差はほとんどみられない．

学歴別にみると，企業側の満足度は専門・専修学校卒でもっとも高く（「満足」の割合は 75.4%），次いで理系の大学・大学院卒（72.5%）が高いのに対して，従業員の満足度は文系・理系にかかわらず大学・大学院卒がもっとも高く，専門・専修学校卒にいたっては最低（50.4%）である（表 5.6）．一方，前の勤務先で受けた訓練・研修経験については，経験の有無によってどちらの満足度にもそれほど大きな差はみられない．しかしながら，以前の勤務先において専門・各種学校の研修を受けた者の場合，従業員の満足度はほかに比べて顕著に高く，最終学歴として専門・専修学校を卒業した人々とは対照的な結果となっている（表 5.7）．

ただしこれらの結果は学歴や訓練経験の違いだけでなく，業種や職種，年齢や就業経験等の違いをも反映している可能性がある．そこで性別や年齢，就業経験や業種，職種などをコントロールしたうえで，学歴ならびに教育訓練歴が企業・従業員それぞれの満足度に与える影響を推計したところ，企業側の満足度には受けた訓練・研修の種類や学歴による差は観察されなかったが，従業員の満足度は専門・各種学校での研修経験があると高くなり，それ以外のほとん

表 5.6 　企業の従業員に対する満足度・従業員の満足度（学歴別）

(単位：%，（　）人)

	合計	企業の従業員に対する満足度		従業員の満足度		
		満足	不満	満足	どちらともいえない	不満
中・高校卒	100 (1,111)	69.4	21.5	55.6	28.7	15.1
専門・専修学校卒	100 (224)	75.4	19.2	50.4	26.3	22.3
短大・高専卒	100 (127)	68.5	21.3	51.2	28.3	18.1
大学・大学院卒（文系）	100 (262)	66.4	24.0	56.1	27.1	16.0
大学・大学院卒（理系）	100 (131)	72.5	19.1	56.5	24.4	18.3
その他	100 (14)	64.3	28.6	57.1	28.6	14.3
合計	100 (1,895)	69.8	21.6	54.2	27.5	16.4

(注)　無回答を含む比率．

表 5.7 企業の従業員に対する満足度・従業員の満足度（前の勤務先で受けた教育訓練別）

(単位：%，（ ）人)

	合計		企業の従業員に対する満足度		従業員の満足度		
			満足	不満	満足	どちらともいえない	不満
職業訓練校等	100	(99)	66.7	26.3	53.5	25.3	20.2
工業技術センター等	100	(106)	77.4	18.9	50.9	24.5	22.6
商工会議所・事業組合	100	(179)	69.8	20.7	48.6	25.7	21.8
専門学校・各種学校	100	(83)	74.7	13.3	65.1	18.1	15.7
民間教育訓練機関	100	(431)	67.7	22.5	53.8	24.4	20.9
設備機器メーカー	100	(244)	72.1	19.3	52.0	28.7	17.2
学術団体の講習会	100	(108)	74.1	19.4	48.1	31.5	18.5
大学・大学院	100	(47)	74.5	21.3	48.9	29.8	17.0
親会社等	100	(316)	67.7	23.7	50.9	28.5	19.6
従業員同士の交流会等	100	(632)	69.9	21.7	51.1	27.7	19.5
通信教育の受講	100	(209)	73.2	17.2	50.2	26.8	22.0
上記のいずれも受けたことがない	100	(556)	70.3	21.0	54.3	29.0	15.6

(注) 無回答を含む比率．

どの講習や研修の経験があると低くなるという傾向が確認された[7]．とりわけ商工会議所や事業協同組合，勉強会などでの研修経験のある従業員の満足度は有意に低くなっている．

これらの学歴や前の勤務先で受けた教育訓練経験などは，従業員の相対的な職業能力の水準を「知らせる」シグナルとして有効に機能しているのだろうか．有効に機能しているとすれば，学歴や訓練経験によってもたらされる賃金の格差は生産性の格差を近似するはずである．これを検証するために，学歴や訓練経験が生産性と賃金に与える影響を，同一企業・同一業務に採用された2人の

---

[7] これは，企業・従業員それぞれの満足度スコアを被説明変数，性別，年齢，就業経験，業種，職種，学歴，訓練歴等を説明変数とした順序プロビット分析の推定結果にもとづく．詳細については，黒澤［2001］を参照されたい．

[8] こうした分析手法を用いることで，職場や業務の違いをコントロールしつつ，労働者の職歴や属性が給与や生産性，訓練費用に与える影響を検証することができる．詳細については黒澤［2001］を参照されたい．

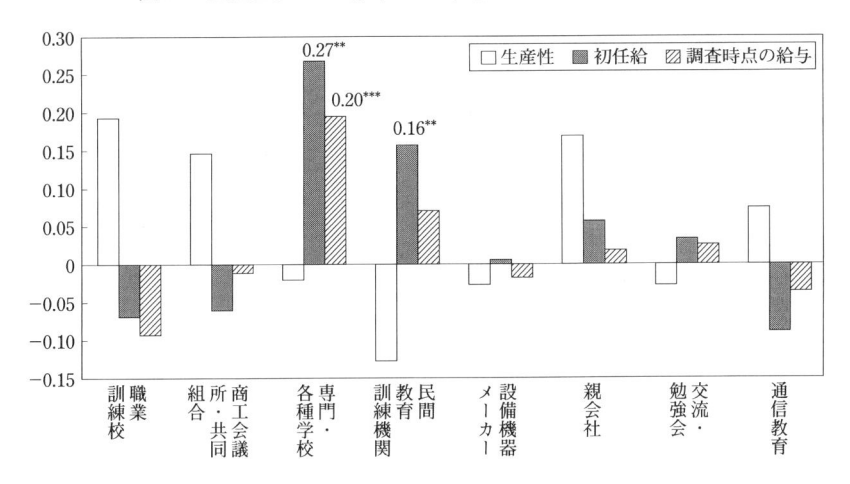

第5章　円滑な転職のための環境整備

図 5.3　生産性ならびに給与への入社前教育訓練経験の限界効果

(注)　生産性（業務達成度），初任年収，および調査時点の年収の対数値をそれぞれ被説明変数としたときの，入社前教育訓練経験ダミーの限界効果を示す．その他の説明変数には，年齢階級ダミー，性別ダミー，学歴ダミー，就業経験年数，関連就業経験年数，企業規模，既婚ダミー，労働者の採用方法（面接の回数，紹介者や会社から人柄や業績についての情報を得たなど）などを含む．調査時点の年収の場合，説明変数に当該企業での勤続年数とその二乗項も含む．推定は，同一企業・同一業務に採用された2人の差についての最小二乗推定法による（詳細は黒澤［2001］を参照）．なお，***，**，*はそれぞれ両側検定の結果が1%，5%，10%水準で統計的に有意であることを示す．

労働者を比較するという計量的手法を用いて推計したところ，興味深い結果が浮かび上がってきた[8]．

　図5.3は年齢や職歴などが同じであったとしても，入社前の勤務先で受けた訓練経験によって生産性（業務達成度）や給与にどれだけの差が生じるかを示したものである．注目すべきは，専門・各種学校や民間教育機関など，市場で認識されやすい受講経験に限って初任給や調査時点の年収を有意に16%～27%ほど高めているが，生産性についてはそうした研修を受講した者と受講していない者とに統計的な差が認められない点である．このことが入社前に専門・各種学校で訓練を受けた従業員の満足度を有意に高めている可能性が考えられる．

　また，図には示していないが，同じような手法を用いて入社後3ヶ月間の訓練費用についても比較したところ，商工会議所や事業共同組合などでの研修経

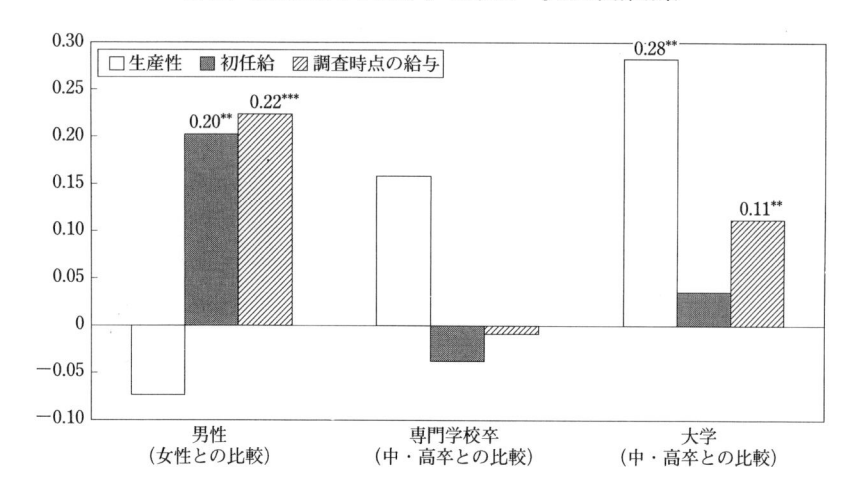

図5.4 生産性ならびに給与への性別・学歴の限界効果

(注) 生産性(業務達成度),初任年収,および調査時点の年収の対数値をそれぞれ被説明変数としたときの,男性ダミー,大卒ダミーおよび専門学校卒ダミーの限界効果を示す.男性ダミーの効果は女性を,学歴ダミーの効果は中・高卒をそれぞれ基準としている.そのほかの詳細については図5.3の注を参照.

験をもつ者の訓練費用は,もたない者に比べて低くなることが統計的にも確認された.事業共同組合や商工会等での訓練経験をもつ者の方が訓練コストを差し引いた生産性は高くなるにもかかわらず,その優位性が給与には反映されていないということになる.すなわち,企業外の教育機関や業界団体での研修経験は,労働者間の相対的な生産性(厳密にいえば訓練コストを差し引いた生産性)を「知らせる」シグナルとしては必ずしも有効に機能していないといえる.

同様の分析結果を学歴および性別に示したものが図5.4である.同一企業・同一業務に採用された中・高卒者に比べて,大卒者の入社直後の生産性は約28%高い.初任給はこの格差をまったく反映していないが,入社後2〜3年たった調査時点での給与格差は11%にまで拡大している.

興味深いのは男女を比較した場合である.同一企業・同一業務に採用された男女の生産性に有意な差は観察されないが,入社時から調査時点にいたるまで,年収は男性の方が約20%も高くなっている.同様の推計を訓練費用についても行ったが,男女の差はそこにも観察されなかった.すなわち同一企業の同じ

業務に採用された男女の場合，訓練費用を差し引いた生産性に統計的な違いがないにもかかわらず，男性の方が20%も高い賃金を得ている．しかしながら男女間では従業員と企業双方の満足度にほとんど違いがみられないのはなぜであろうか．この背景には，女性従業員の留保賃金の低さや離職確率の高さがあるのかもしれない．ただし，低い留保賃金自体が，能力の過小評価される傾向がとくに女性で強いことに起因している可能性も大きい．雇用機会の平等化という観点からも，職業上の能力が労働市場においてより客観的に評価されるような制度の確立が重要であるといえよう．

3.2 従業員の経験と満足度

調査対象企業に正社員として中途採用された者の採用時点での平均年齢は35.4歳であるが，現在の会社に採用された時点の年齢と現時点での満足度との関係をみると，企業側の満足度がもっとも高いのは40代で転職した従業員に対してであり，次いで19歳未満の若年層となっている（表5.8）．一方，従業員の満足度は20代や40〜50代で転職した従業員において高く，企業側と違って19歳未満でもっとも低い．また60歳代以上で転職した従業員については，不満を感じている者の割合（23.3%）が他の年齢層に比べて高くなっている．

採用時点での正社員としての平均経験年数は15.7年で，企業・従業員双方

表5.8 企業の従業員に対する満足度・従業員の満足度（採用時の年齢階級別）
（単位：%，（ ）人）

	合計	企業の従業員に対する満足度		従業員の満足度		
		満足	不満	満足	どちらともいえない	不満
19才未満	100　(69)	72.5	15.9	50.7	31.9	11.6
20代	100　(667)	70.6	19.6	55.8	26.7	16.0
30代	100　(481)	65.7	24.5	51.1	27.7	18.7
40代	100　(388)	73.7	20.1	55.2	27.3	16.0
50代	100　(232)	69.0	24.6	55.6	30.6	13.4
60才代以上	100　(43)	69.8	23.3	51.2	25.6	23.3
無回答	100　(15)	60.0	33.3	66.7	6.7	13.3
合計	100　(1,895)	69.8	21.6	54.2	27.5	16.4

（注）無回答を含む比率．

表 5.9 企業の従業員に対する満足度・従業員の満足度
(採用前の正社員としての経験年数階級別)

(単位:%, ( )人)

	合計		企業の従業員に対する満足度		従業員の満足度		
			満足	不満	満足	どちらともいえない	不満
なし	100	(170)	67.6	20.6	50.0	32.9	13.5
1〜5年	100	(436)	65.8	22.9	55.0	28.0	15.4
6〜10年	100	(344)	72.4	18.9	59.6	24.7	14.2
11〜15年	100	(259)	69.5	22.0	51.0	27.8	19.3
16〜20年	100	(181)	71.8	22.7	52.5	24.3	20.4
21年以上	100	(442)	72.2	21.3	53.8	28.3	17.0
無回答	100	(63)	66.7	28.6	52.4	28.6	14.3
合計	100	(1,895)	69.8	21.6	54.2	27.5	16.4

(注) 無回答を含む比率.

の満足度は6〜10年の経験をもつ従業員においてもっとも高く(表5.9),経験年数と満足度との間に明確なパターンはみられない.しかしながら入社前の就業経験と現在の仕事内容との関連性を考慮すると,経験年数と満足度とのあいだに興味深い関係が浮かびあがってくる.

「現在の会社で働きはじめる前の仕事のうち,現在の仕事をするうえでもっとも役に立ったと思われる仕事分野」に対する調査時点の従業員の回答を「関連経験年数」と呼ぼう.その年数別に満足度を比較したものが表5.10であるが,この表によると,そうした経験が20年以下の従業員については,関連した経験年数が長いほど企業満足度の高くなる傾向が明確に観察される一方で,従業員側の満足比率には企業側ほどの強い増加傾向がなく,「不満」に思う比率に若干の高まりさえ観察される.

経験年数が満足度に与える影響をより詳しく調べるために,学歴・訓練経験や性別,業種や職種,そして「関連していない」就業経験年数を一定としたときの「関連経験年数」の効果を推計したところ,確かに関連経験年数が長いほど企業側の満足度は高くなる一方で,従業員の満足度は低くなることが統計的にも示された.他の企業における就業経験のなかでも,現在の仕事に関連のある経験は転職後の企業での生産性や能力発揮に役立っている反面,その効果が

第5章　円滑な転職のための環境整備

表5.10　企業の従業員に対する満足度・従業員の満足度（採用前の関連経験年数別）

(単位：％，（　）人)

	合計		企業の従業員に対する満足度		従業員の満足度		
			満足	不満	満足	どちらともいえない	不満
5年以下	100	(588)	66.3	23.6	53.9	28.1	16.8
6〜10年	100	(378)	68.5	23.0	55.3	24.6	18.3
11〜15年	100	(172)	72.7	19.8	55.8	23.8	18.6
16〜20年	100	(142)	76.8	16.9	60.6	21.1	16.9
21年以上	100	(178)	73.0	20.8	55.1	27.0	17.4
合計	100	(1,895)	69.8	21.6	54.2	27.5	16.4

(注)　無回答を含む比率．

給与等の処遇に反映されていない可能性も考えられる．

　この可能性を確かめるために，以前と同様，同一企業・同一業務に採用された2人の比較から，転職後の給与や生産性に対する就業経験年数の影響を推計した．すると転職後の業務に関連した仕事を入社前に経験した者の場合，入社直後の生産性は有意に高くなるにもかかわらず，少なくとも入社後2〜3年までの間は，そうした従業員の優位性が給与には反映されていないことが確認された．その推定結果より，10年間の「関連した」就業経験と「関連しない」就業経験とが転職後の生産性や給与に与える影響を計算したものが表5.11である．関連した10年の就業経験をもつ人の入社直後の生産性は就業経験のま

表5.11　採用前の就業経験10年間の効果

	(1) 10年間の関連しない 就業経験の効果	(2) 10年間の関連した 就業経験の効果
業務達成度	−0.065	0.205*
初任給	0.249*	0.250
現在の年収	0.272***	0.230

(注)　(1)は関連経験年数が一定であるときの経験年数10年の効果．(2)は(1)の数値に経験年数が一定であるときの関連経験年数10年の効果を合わせた数値として，図5.3に利用された推計結果より計算した．*，**，***は，(1)の場合は経験年数，(2)の場合は関連した経験年数について，それぞれの水準と二乗項の係数が同時に0である仮説をそれぞれ10％，5％，1％の水準で有意に棄却することを示している．

ったくない人よりも21％ほど高くなるのに対して，関連のない10年の就業経験をもつ人の生産性は就業経験のない人と統計的に変わらない．ところが初任給ならびに調査時点の給与は，その経験が転職後の業務に関連しているかどうかにかかわらず同じで，就業経験のまったくない人よりも約23〜27％高くなっている．すなわち，企業は主に年齢だけにもとづいて中途採用者の給与を決定していることがうかがわれる．

入社時点だけでなく，入社して数年後の生産性や離職コストなどをもはかる必要があろう．しかしながらこれらの結果は，少なくとも入社後2〜3年までは，関連した就業経験の生産性への貢献度が関連しない就業経験をもつ人に比べて年収として過小評価され続けていることを示唆するものであり，それが関連経験年数と企業や従業員の満足度との関係，すなわち，関連経験年数の長い従業員に対する企業の満足度は高く，そのような従業員自身の満足は低いという傾向をもたらしている可能性も否定できない．

4. 情報収集と満足度

こうした情報の不完全性を有効に緩和するような，お互いを「知る」そして「知らせる」仕組みとは何であろうか．求職者の収集した企業の情報や企業による採用手段のなかでも，企業側と従業員側の満足度を高めて入社後のミスマッチの低減に寄与するものはどれか．以下では，職探しの経路（入職経路），採用方法，労働者の事前に入手した企業情報の種類の3点について考察する．

4.1　入職経路と満足度

労働者が転職先を探す際に利用した経路として主なものは「ハローワーク・人材銀行」(44.2％)，「友人・知人の紹介」(25.6％)，「求人情報誌」(22.7％)である（表5.12：複数回答）．そのなかでも現在の会社への転職にもっとも有力であった経路に限定した場合，利用率の高いのは「ハローワーク・人材銀行」(28.3％)，次いで「友人・知人の紹介」(18.7％)，「現在の会社からの誘い」(12.0％)となっている．求人情報誌の利用率は高いが，それが転職の決め手になることは少ない．

第5章 円滑な転職のための環境整備

表5.12 入職経路

(単位:％)

	複数回答*	もっとも有力だったもの
求人情報誌	22.7	7.3
新聞・チラシ・張り紙等の求人広告	21.5	6.7
パソコン通信・インターネット	2.2	0.3
ハローワーク・人材銀行	44.2	28.3
民間の職業紹介機関	3.1	1.2
以前の勤務先	6.6	3.7
以前の勤務先の取引先等	9.9	4.7
現在の会社からの誘い	14.2	12.0
友人・知人の紹介	25.6	18.7
親兄弟・親戚の紹介	10.4	7.3
その他	4.3	3.3
無回答	2.3	6.4

(注) *それぞれの項目について，44の無回答を含んだ1,895サンプルに占める「利用した」割合.

　入職経路と満足度との関係をみるために，表5.12に示された「もっとも有力であった」入職経路別に，企業と従業員それぞれのスコア化した満足度の平均値を比較したものが図5.5である．企業と従業員の満足度にかんする質問項目の選択肢には若干の違いがあるために，双方の満足度スコアの平均水準は異なる．そこで図5.5では，企業と従業員それぞれの満足度スコアの平均値で標準化した数値を示している．すなわち企業・従業員いずれについても，1より大きな満足度をもつ経路はそれを用いた場合の満足度が平均よりも高いことを示す．

　企業の満足度については経路によって従業員側ほどに大きな違いはみられないが，「以前の勤務先の取引先等」，「民間の職業紹介機関」，あるいは「その他」を通した転職者に対する満足度は平均よりも高くなっている．「その他」については，その約30％が以前に非正社員として働いていた会社や前の勤務先の関連会社，あるいは顧客としてかかわっていた会社に転職したケースである．「以前の勤務先の取引先」と同様，求人側が求職側の働きぶりをすでに良く知っている状況で転職したケースでは，企業側の満足度が高くなるようである．ちなみに「その他」の約18％は学校の紹介であり，約9％は自ら直接電話をするなどして入職したケースである．そうした従業員のもつ積極性が，企業側

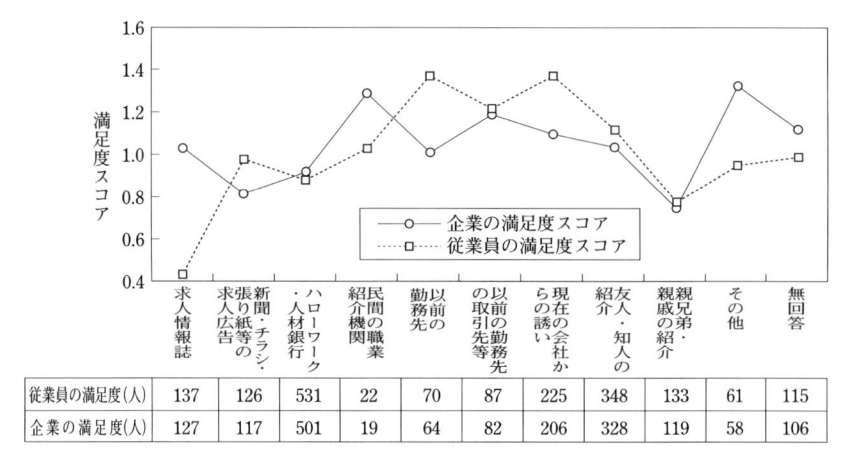

図 5.5 企業および従業員の満足度スコア（入職経路別）

	求人情報誌	新聞・チラシ・張り紙・求人広告等	ハローワーク・人材銀行	民間の職業紹介機関	以前の勤務先	以前の勤務先の取引先等	現在の会社からの誘い	友人・知人の紹介	親兄弟・親戚の紹介	その他	無回答
従業員の満足度(人)	137	126	531	22	70	87	225	348	133	61	115
企業の満足度(人)	127	117	501	19	64	82	206	328	119	58	106

（注） 上記の満足度スコアは，まず「非常に満足」＝2,「ほぼ満足」＝1,「やや不満」＝－1,「不満」＝－2（従業員の場合，「どちらともいえない」＝0）として，入職経路別に平均値を計算し，その数値を従業員全体と企業全体の満足度スコアの平均値（企業側は 0.61，従業員側は 0.40）で除して標準化したものである．「パソコン通信・インターネット」は該当サンプル数が少ないため除外している．

の満足度を高める一因となっている可能性もある．

　一方，従業員自身の満足度スコアには，利用した職探しの経路によって企業側以上に顕著な差があらわれている．従業員の満足度を引き上げる効果がもっとも大きいのは「現在の会社からの誘い」と「以前の勤務先」であり，次いで「以前の勤務先の取引先等」である．反対に従業員の満足度スコアが顕著に低いのは「求人情報誌」経由で転職を決めたケースである．

　「求人情報誌」を介した場合の満足度が低く，以前の勤務先や取引先関係の経路がもっとも高いという状況は，自分の能力や適性が企業側に知られていること，あるいは入社してからの状況を労働者が知っていることが労働者の入社後の満足度に大きな影響を与える可能性を示唆しているといえる[9]．ちなみに「親兄弟・親戚」の紹介で入社した者については，従業員と企業双方の満足度

---

[9] 守島［2001］でも，前の会社の関係会社など，組織間の関係を利用して転職した場合に従業員の満足度はとくに高まることが示されている．また，事前に移動先の情報を十分に提供することが，

の低くなる傾向がみられる．肉親のコネクションを利用した場合，かえって客観的な情報が伝わりにくい，あるいは相性の悪いマッチでも互いに断りにくいといった側面があるのかもしれない．

なお，民間職業紹介を通して入職した場合には，企業満足度の高まる傾向がみられるが，従業員の学歴や職種等をコントロールすると，従業員においても会社からの直接勧誘による入職に匹敵するほどの高い満足度が得られていることがわかった．まだ利用率は少ないが，民間職業紹介機関が今後中途採用市場のマッチングにおいて大きな役割を果たす可能性を秘めていることがうかがわれる．

4.2 企業側による「知る」ための手段と満足度

次に，企業側が採用に際して労働者の仕事上の能力を知るために実施した手段と満足度との関連を探る．その主な手段は，「1・2回の面接」(57.4%)，「担当業務に詳しい社員を面接に加える」(22.7%)，「担当する業務を実際にやらせてみる」(17.3%)，などであるが，そのほかにも「業務経験や業績について」以前勤務していた会社から情報を得たケース (12.5%)，同様の情報を紹介者や会社から得たケース (11.7%)，人柄について以前の勤務先から情報を得たケース (11.6%)，同様の情報を紹介者から得たケース (12.6%) などがある（いずれも複数回答）．「3回以上面接を行った」(6.1%)，「仕事上の能力に関するペーパーテストを行った」(5.7%) などは少数派で，特に何もせずに採用したケースは 5.8% にとどまる．

これらの手段が実施された場合の，企業と従業員それぞれの満足度スコアを比較したものが図 5.6 である．いずれの手段も講じなかった場合に，企業・従業員双方の満足度はもっとも低くなっており，採用時に求職者の業務経験や業績，ならびに人柄などについての情報を得る努力をすることは，企業のみならず，従業員の満足度をも高めるうえで不可欠であることがわかる．

企業側の満足度が高いのは，企業が労働者の業績や人柄についての情報を得

移動後の従業員の満足度を高めるという結果は，大企業からの出向・転籍の対象となった中高年者の移動においても観察されている（永野 [1996]）．

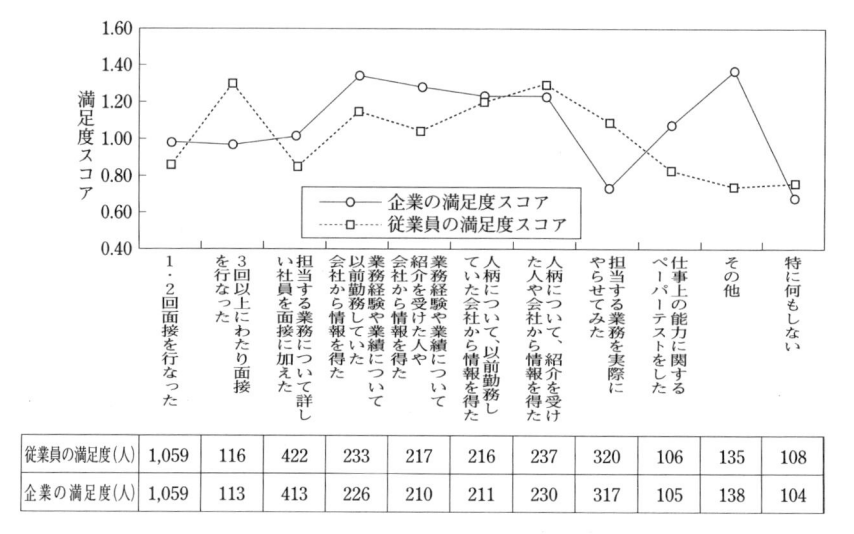

図 5.6 企業および従業員の満足度スコア（企業の採用手段別）

	1・2回面接を行なった	3回以上にわたり面接を行なった	担当する業務について詳しい社員を面接に加えた	業務経験や業績について以前勤務していた会社から情報を得た	会社から情報を得た紹介を受けた人や	業務経験や業績について紹介を受けた人や会社から情報を得た	人柄について，以前勤務していた会社から情報を得た	人柄について，紹介を受けた人や会社から情報を得た	担当する業務を実際にやらせてみた	仕事上の能力に関するペーパーテストをした	その他	特に何もしない
従業員の満足度(人)	1,059	116	422	233	217	216	237	320	106	135	108
企業の満足度(人)	1,059	113	413	226	210	211	230	317	105	138	104

（注） 満足度スコアの計算方法については，図 5.5 注を参照．各採用手段が適用された場合の満足度スコアの平均値を示す．

た場合であるが，とりわけ顕著なのが「業務経験や業績」についての情報を得たケースである．同一企業・同一業務に採用された2人の比較を通して転職後の給与や生産性に対する採用手段の影響を推計したところ，業務経験や業績情報を前の勤務先から得たケースでは，給与は変わらないが生産性が有意に高くなっていることが確認された．

「その他」の手段をとった企業の場合も満足度は高くなっているが，その内容には，一緒に仕事をした経験を通して「以前から知り合いだった」，「面識があった」などが多い．以前の勤務先から情報を収集するというケースにおいても，現在の勤め先と前に勤務していた会社とに取引関係のある場合や，前の勤務先やその取引先を利用して転職した場合が多い．すなわち求人側が求職側についての正確な情報を低いコストで獲得できるような状況で転職したケースほ

---

10) 能力の高い従業員であったからこそ，以前勤務していた会社から業績等の情報が容易に得られたという可能性も考えられる．

ど，採用後の生産性が高くなり，企業側の満足度の高まる傾向が推測される[10]．

一方，従業員側の満足度は，業績というよりも人柄についての情報を企業が得たケース，ならびに3回以上面接を行ったケースで高くなっている．企業が人柄についての情報を得たうえで採用することは，従業員の満足度を大きく左右する職場の人間関係に好影響を与えるのかもしれない．同一企業・同一業務に採用された2人の比較によると，これらの手段が用いられた場合，生産性に比べて初任給は高く設定される傾向が確認された．こうした方法のとられた従業員に対しては，採用する企業が労働条件に特別配慮することが多い，あるいはこの方法が従業員を高く評価しやすいといった可能性も考えられる．

なお，「担当する業務を実際にやらせてみた」場合，企業側の満足度は大きく落ち込んでいるが，これはその採用手段が労働者の能力を過大評価しやすいからではなく，むしろそうした手段をとることの多い職種や企業における満足度の低さを示したものだといえる[11]．

このように，企業はさまざまな方法で労働者の仕事上の能力を知ろうと努力しているが，労働者の能力に関する情報が完全に伝達されることは困難であり，採用後しばらくたってから採用時の期待が間違っていたことに気づく場合も少なくない．企業側に伝達されにくい仕事上の能力とはどのようなものなのだろうか．図5.7，5.8は調査時点において「採用時の期待を上回った，あるいは下回った仕事上の能力」を114の「業務スキル」リスト（うち30は「職種共通スキル」）より選択するという設問で指摘率の多かった上位16項目を示したものである．とくに採用時の期待を「上回った」能力としては，「誠実性」(14.6%)や「協調性」(12.8%)，「達成行動」(10.2%) などがもっとも多く指摘されている（図5.7）．

これに対して期待を下回った，すなわち高く見積もられやすい仕事上の能力として指摘率の高いものには，「機敏性」(10.2%)，「チャレンジ精神」(10.1%)，「協調性」(9.0%) などがあげられるが，これらの能力は同時に低く見積もられやすいものでもあるから，いわば正確に伝達されにくい能力であるといえよう

---

11) 同一企業・同一業務に採用された2人の比較からは，とくに「実際に業務をやらせてみた」ケースで生産性ならびに年収に有意な違いは観察されなかった．

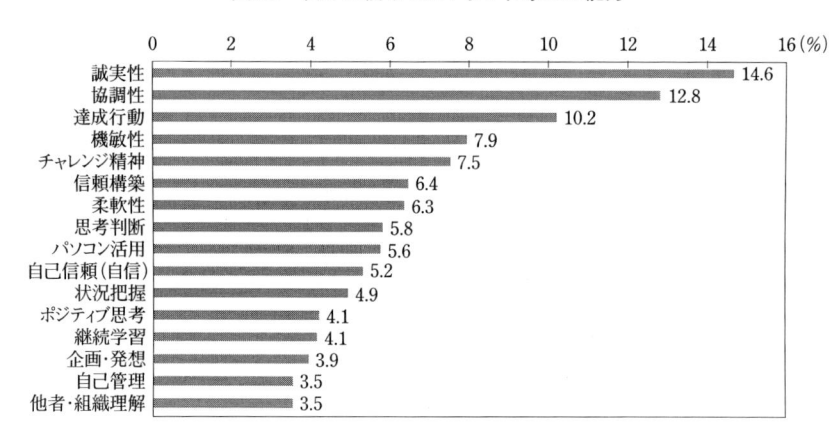

図 5.7　低く見積もられやすい仕事上の能力

能力	%
誠実性	14.6
協調性	12.8
達成行動	10.2
機敏性	7.9
チャレンジ精神	7.5
信頼構築	6.4
柔軟性	6.3
思考判断	5.8
パソコン活用	5.6
自己信頼(自信)	5.2
状況把握	4.9
ポジティブ思考	4.1
継続学習	4.1
企画・発想	3.9
自己管理	3.5
他者・組織理解	3.5

(注)　無回答を除いた1,930の従業員における指摘率．複数回答．

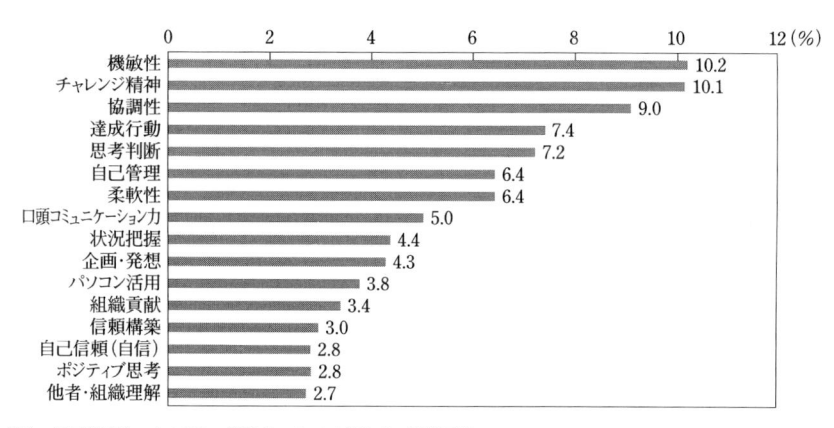

図 5.8　高く見積もられやすい仕事上の能力

能力	%
機敏性	10.2
チャレンジ精神	10.1
協調性	9.0
達成行動	7.4
思考判断	7.2
自己管理	6.4
柔軟性	6.4
口頭コミュニケーション力	5.0
状況把握	4.4
企画・発想	4.3
パソコン活用	3.8
組織貢献	3.4
信頼構築	3.0
自己信頼(自信)	2.8
ポジティブ思考	2.8
他者・組織理解	2.7

(注)　無回答を除いた1,218の従業員における指摘率．複数回答．

(図5.8)．一方，期待を上回った能力として最高の指摘率を示した「誠実性」は，むしろ低く見積もられやすい能力の代表であり，「口頭コミュニケーション力」や「組織貢献」などは高く見積もられやすい能力の代表であろう．
　「誠実性」や「協調性」のように，一般的に間違って伝達されやすい能力に

は明示されにくいものが多いが，なかには「パソコン活用」や「口頭コミュニケーション力」といったように，面接や短期の試用期間で明らかにされうる能力も含まれている．こうした能力についての資格などの能力評価制度の整備が，今後労働市場の効率性を向上させる余地は十分にあると考えられる．

4.3 労働者側に「知らせる」情報と満足度

最後に，労働者が入社前に得ることのできた企業や入社後の仕事についての情報が，入社後の企業と従業員それぞれの満足度に与える影響を考察しよう．従業員が入社する前に十分またはある程度入手できたとする割合の高いものとして「勤務後の仕事内容」（73.5%），「労働時間・休日・休暇」（67.8%）などがあげられるが，全般的にどの情報についても「十分に入手できた」とする従業員の割合は少なく，仕事内容や労働時間等についても 21%，入社後の職位や年収などの基本的情報でさえも 10% 程度にすぎない（表 5.13）．

入社前に入手できた情報と満足度との関係をみると，企業側の満足度は従業員が入手できた企業情報の種類や量にあまり左右されないが，入社後の従業員の満足度は，そうした情報が十分に入手できるほど高まる傾向が明確に示されている（図 5.9）．とりわけ従業員の満足度を高める効果の大きいものは年収や職位などではなく，むしろ能力開発や会社の経営方針，経営トップの人柄や社

表 5.13 労働者が事前に入手できた現在の会社に関する情報

(単位：%)

	合計	十分に入手できた	ある程度入手できた	あまり入手できなかった	ほとんど入手できなかった	無回答
会社の業績や将来性	100	6.8	36.1	23.6	29.7	3.8
会社の経営方針	100	7.6	28.2	25.1	34.7	4.3
経営トップの人柄や社風	100	13.6	31.0	21.5	29.4	4.4
勤務後の年収	100	10.7	40.7	20.9	23.2	4.5
勤務後の職位	100	11.9	34.7	21.4	26.6	5.4
勤務後の仕事内容	100	21.1	52.3	12.7	10.2	3.6
勤務後の部下や上司	100	10.5	27.5	26.7	30.1	5.2
労働時間・休日・休暇	100	20.9	46.9	16.0	12.6	3.6
福利厚生	100	12.0	34.2	25.4	23.4	4.9
能力開発	100	5.6	22.0	33.1	33.8	5.4

(注) 上記の数値は，1,895 サンプルを対象とした割合である．

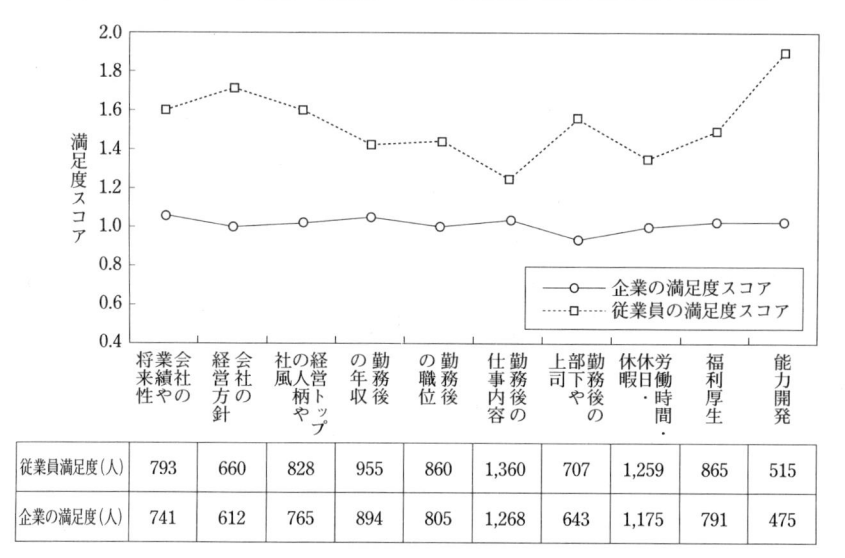

図 5.9 企業および従業員の満足度スコア（入社前に収集可能であった情報別）

	会社の業績や将来性	会社の経営方針	社風や会社の人柄	経営トップの年収	勤務後の職位	勤務後の仕事内容	勤務後の上部下や・上司	労働時間・休日休暇	福利厚生	能力開発
従業員満足度(人)	793	660	828	955	860	1,360	707	1,259	865	515
企業の満足度(人)	741	612	765	894	805	1,268	643	1,175	791	475

(注) 満足度スコアの計算方法については, 図 5.5 注を参照. 各情報の種類別に収集できた場合の満足度スコアの平均値を示す. 無回答は除外している.

風, ならびに会社の将来性などについての情報である. 従業員の学歴や職種をコントロールしたうえで開示された情報の影響を推計したところ, 従業員満足度を高める効果がもっとも大きいのは労働時間と能力開発, 次いでトップの人柄や仕事内容についての情報開示であった. 規模の小さい企業であるからこそ, トップの人柄や社風が入社後の人間関係に重要な役割を果たしているのかもしれない. この結果は, 企業が求人に際して求職側に積極的に情報を提供し「知らせる」ことが, 従業員の満足度を高め, 採用後のミスマッチの解消に役立つことを示唆している.

もちろん, ここでいう情報の入手可能性とは,「入社前に現在の会社に関する次のような情報はどの程度入手できましたか」という設問への回答であるから, そもそも労働者にそうした情報を入手する意思があったかどうかに依存する可能性がある. その場合, たとえば能力開発機会についての情報を「十分に入手できた」とする従業員ほど, 仕事に対する熱意があるために, 入社後の従

業員満足度が高くなりやすいという解釈も成り立つ．確かに，同一企業・同一業務に採用された2人を比較したところ，「仕事の内容」についての情報を入手できたとする従業員の生産性は，入手できなかったとする場合に比べて高いことが確認された．しかし他の情報についての入手可能性は，業務達成度や給与にはなんらの影響も与えていない．むしろこれら情報の入手可能性は互いに高い相関をもっており，ひとつの情報についての入手可能性が高い企業では，それ以外の情報開示も進んでいるという傾向がみられる．やはり入社後の情報を求職側に積極的に知らせる企業ほど，入社後の従業員満足度は高くなっているといえよう．

5. おわりに

　長期雇用を前提とした企業内部での人材育成が大勢を占めてきたわが国においては，労働市場での労働者と企業間の情報伝達機能が未発達である可能性が高い．そのような状況では，互いに満足度の高いマッチングが成立しにくく，質の悪い雇用関係が維持され続けるといった非効率が生じやすい．本章ではこうした情報の不完全性の存在を明らかにし，その不完全性を緩和するために有効な，お互いを「知る」そして「知らせる」仕組みとは何かについて考察を行った．

　まず，入社前のキャリアや訓練経験のなかでも，専門学校や民間の教育訓練機関による研修経験など，労働市場で認識されやすい訓練経験をもつ者の場合，入社直後の生産性は他の従業員と変わらないにもかかわらず，賃金は高く設定される傾向がみられ，そうした状況は入社後2～3年目まで継続していた．他方，商工会議所や事業協同組合など，業界に特殊的な研修を受けた者や，新しい職場での業務に関連した仕事を外部企業で経験した者の場合，入社直後の生産性が有意に高い，あるいは訓練費用が有意に低くなるにもかかわらず，少なくとも入社後2～3年までの間は，そうした従業員の優位性が給与には反映されない傾向がみられた．中途採用者間の生産性の格差が長期的な昇給や昇進を通して調整される，いわば後払い的な方式が適用されているのであれば，こうした結果が必ずしも従業員の意欲を減退させるとはいえない．しかし，分析対

象である平均勤続年数が2〜3年というサンプルでは，外部企業での関連経験年数が長いほど企業の満足度は高まる反面，従業員の満足度は大きく低下していることが示された．

　入社時点だけでなく，入社して数年後の業務達成度や離職コストなどをもはかる必要があるが，これらの結果は，中途採用市場における労働者の職業能力についての情報が不完全で，外部教育機関での研修経験さえもが従業員間の相対的な職業能力を「知らせる」仕組みとしては必ずしも有効に機能していない状況を示唆しているといえる．そうしたなかで，企業にとっては前の勤務先・取引先とのネットワークを利用して労働者の業務経験や業績等を「知る」ことが，情報の非対称性を緩和する有効な手段となりうることも示された．

　以前の勤務先での就業経験や訓練で培った技能は，それが新しい仕事に関連している限り，転職後の職場での生産性を有意に高める．しかしながら，転職先の企業がより高い生産性に見合うほどの給与を支払う必要がないのは，外部での訓練や経験を積んだ労働者の能力情報を得るコストが大きく，そのような技能が市場で過小評価される傾向があるからだと考えられる．前の勤務先から業績や業務経験についての情報を得る，あるいは前の取引先関連の紹介で転職したケースにも同様のことがあてはまる．求職者についての正確な情報を他の企業よりも低いコストで得ることができる限りにおいて，情報を得ることのできた企業が生産性より低い賃金を支払っても，そうした従業員が外部の企業に引き抜かれる危険性は小さいからである．

　しかしながら，こうした情報の非対称性が市場に存在する限り，労働者個人による人的資本への投資は過小になり，労働力の再配分機能は鈍化する．なぜならば，労働者にとって自分の生産性が外部企業で過小評価されるのであれば，質の悪いマッチであっても解消してより良い転職先をみつけようとする動機は小さくなるし，また訓練費用を自分で負担し，技能を向上させようとする動機も弱まるからである．

　そうした状況下では，企業外部の教育機関での研修や資格等が，職業能力の

---

12)　ただし，採用時の情報の非対称性が大きいために，企業側にも一般的人的投資を行う動機が生せることになるから，そうした技能への企業の投資動機を削減することにも留意する必要がある

シグナルとして必ずしも有効に機能していないという状況の改善や，習得された技能についてのより詳細な情報が労働市場で入手可能になるような体制をつくることも必要である[12]．とくに，関連性のある業務での就業経験や事業組合による研修などが転職後の労働者の収益性を高めるという本章の推定結果は，業界内での職業能力基準という「知らせる」仕組みを確立することの有効性とともに，なるべく早い時点からのキャリアの継続性が，生涯にわたる人的資本の効率的な形成に極めて重要であることを示している．

また，企業側に正確に伝わらないとされる職業能力の多くは，「誠実性」や「協調性」のように明示されにくいものであったが，なかには「パソコン活用」や「口頭コミュニケーション力」といったような，面接やテストの工夫次第で明らかにされうる能力も含まれていた．さまざまな職業能力基準の確立は，労働市場の効率性を向上させるだけでなく，スキルの過小評価される傾向がとりわけ強くみられる女性に対する雇用機会の平等化をはかるうえでも大変重要である．

本章ではさらに，企業が入社後の従業員の満足度を高め，採用後のミスマッチを低減させる方法についても検証した．転職後の従業員の満足度は，賃金の高さだけでなく，人間関係などの職場環境が良好であることや能力発揮の程度が高いことなどによっても高められること，そしてその方法としては，経営トップの人柄や社風，仕事の内容，労働時間や休日，能力開発についての情報を求職者に積極的に「知らせる」ことなどが有効であることが示された．さらに，会社から直接誘いを受ける，あるいは以前の勤務先の紹介を受けるなど，入社後の仕事や人間関係についての情報が事前に求職者へ豊富にもたらされると思われる状況で転職が行われた方が，入社後の従業員の満足度は高くなる．こうしたことからもわかるように，とくに規模の小さい企業では，企業についての情報を採用前の求職者に積極的に「知らせる」ことが，入社後の円滑な人間関係や能力発揮の度合いに重要な役割を果たしているようである．しかしながら，実際にこうした情報が事前に十分入手可能であるケースは少ない．今後はそう

まれている状況下で能力評価基準の確立が進展しても，それは一般的技能の所有権を労働者に帰属さ（Bishop [1991], Katz and Ziderman [1990]）．

した情報についての企業による一層の情報開示の努力が望まれる．

参考文献

Akerlof, G. A., Rose, A. K., and Yellen, J. L. [1988] "Job switching and job satisfaction in the U.S. labor market", *Brookings Papers on Economic Activity*, vol. 2, pp. 495-582.

Barron, J., Black, D., and Loewenstein, M. [1989] "Job matching and on-the-job training", *Journal of Labor Economics*, vol. 7 no. 1, pp. 1-20.

Bishop, John. [1987] "The recognition and reward of employee performance", *Journal of Labor Economics*, vol.5 no.4, S36-56.

Bishop, John. [1991] "On-the-job training of new hires", in Stern D. and J. Ritzen ed., *Market Failure in Training?*, Berlin : Springer-Verlag.

Bishop, John. [1994] "The impact of previous training on productivity and wages", in Lynch L., ed., *Training and the Private Sector : International Comparisons*, Chicago : University of Chicago Press.

Clark, A.E., Georgellis, Y., and Sanfey, P. [1998] "Job satisfaction, wages and quits : evidence from German panel data", *Research in Labor Economics*.

Clegg, C.W. [1983] "Psychology of employee lateness, absence and turnover : a methodological critique and an empirical study", *Journal of Applied Psychology*, vol. 68, pp. 88-101.

Freeman, R. [1978] "Job satisfaction as an economic variable", *American Economic Review*, vol. 68, pp. 135-141.

Katz, E. and Ziderman, A. [1990] "Investment in general training : the role of information and labour mobility", *The Economic Journal*, vol. 100, pp. 1147-58.

黒澤昌子［2001］「中途採用市場のマッチング―満足度，賃金，訓練，生産性」『日本労働研究雑誌』No. 499.

Mangione, T. W. and Quinn, R. P. [1975] "Job Satisfaction, Counterproductive Behavior, and Drug Use at Work", *Journal of Applied Psychology*, vol. 60, pp. 114-16.

守島基博［2001］「転職経験と満足度―転職ははたして満足をもたらすのか」，猪木武徳・連合総合生活研究所編著『転職の経済学』東洋経済新報社．

永野仁［1996］『日本企業の賃金と雇用―年俸制と企業間人材配置』中央経済社．

結　章　成長企業の人材戦略

玄田有史・佐藤博樹

1. はじめに——キーワードは「人材育成」と「情報開示」

　成長を成し遂げてきた企業が，その過程で何を重視し，どのように行動してきたか．本書では成長企業とそこで働く個人へのアンケート調査と聞き取り調査から考察してきた．この問いに対して，本書から得られた知見とは何かをこの章では改めて整理してみたい．

　まず各章の共通の結論として，企業成長を実現するためには「人材育成」が不可欠であるという事実を，改めて強調しておきたいと思う．本書の基本的でかつ，もっと重要な発見とは，伸びる企業は人を育てているという，確かな事実である．

　企業の経営戦略は，大別すると，事業戦略と人材戦略の2つからなる．第1章の言葉を借りれば，企業は，事業戦略によるビジネスチャンスと，人材戦略が左右する組織の能力とが，たえず「不均衡」の状態におかれている．対応が不十分なために事業機会の抑制を選択する縮小均衡へと陥るか．それとも未知の機会に積極的に挑んでいけるのか．両者のうちの選択を規定し，それによって企業間競争を勝ち抜くことができるかは，結局のところ，事業機会をよく理解し，それに適合した人材がいるかどうかにかかっている．会社独自の事業戦略にすばやく柔軟な対応するためには，会社自体が人材の育成に積極的にのりだすことこそ合理的なのである．

　中小企業で働く人々は，概して定着率が低いので，企業がせっかく育成しても損失を被るだけだ，という考え方がある．そこから，中小企業は人材を育成しない（できない）という意見も生まれることになる．今後，労働市場の流動

化が進み，これからは育成するにしてもコア人材に限定されるようになるという声もあり，育成から距離を置こうとする傾向は，ますます強まっているように感じられる．

しかしながら，人材育成を軽視しようとするならば，それは成長企業としてあきらかに誤まった選択なのである．

転職による損失の可能性があったとしても，そのようなリスクを認識したうえで，積極的に人材育成を行う企業だけが，成長可能性をもった企業，すなわちガゼル企業となる．本書の各章が依拠した「特定ニーズ調査」でも，1997〜99年にかけて10人以上雇用を増加させたガゼル企業では，経営戦略として人材育成を重視する割合が，全体平均に比べて，17%も高くなっている．

さらに，わずか4%のこれらのガゼル企業が全体の40%以上の雇用機会を創りだしている．加えて，能力開発に積極的な企業ほど能力の高い人材が育成され，高い収益を生み出す源泉となっている．第2章でみたように，ひいてはそのことが「成長」→「能力開発」→「成長」→「能力開発」→「成長」→という好循環を形成している．

そして人材育成，もしくは能力開発をすすめていくための前提として，会社と個人の適切なマッチング，つまりは出会いが重要になる．本書のもう1つの重要な結論とは，そのようなマッチングのためには，会社からの積極的な「情報開示」が欠かせないということである．つまりは，「知らせる」仕組みを会社自身がもっていることである．

情報には，賃金，休日日数，従業員数といった，客観的で誰でもが入手しようと思えば得られるものと，経営観や職場の雰囲気といった，数値化が難しく，会社の外部からは入手しにくいものがある．そのなかでは後者のような，人材育成や経営方針などの必ずしも客観化できない情報こそが，転職者の働く意欲に大きな役割をもっていることを，第4章や第5章は確認している．能力開発の指針やその前提となる経営者の考え方や価値観が提示されることによって，人々は共感できる組織を選択でき，ひいては仕事に満足を感じる傾向が強くなっている．

私たちは何気なく情報という言葉を口にする．しかし情報には多様な側面がある．そのなかで，客観的に伝えることは難しいものの，それを積極的に開示

し，経営者の努力によって伝えることによって，会社と個人の幸福な出会いが開けてくる．「人を育てる」ことに関する内容は，そのような重要な情報の最たるものなのである．

2. 育成に成功する経営者像

では，企業成長を実現するために，積極的な能力開発として，経営者は何をすべきなのだろうか．

能力開発のために大切なのは，人を育てることの基本に忠実なことである．人材育成や能力開発とは，教育のために多額の支出をしたり，特別なプログラムを実行することでは必ずしもない．あたりまえのことをしっかりやることである（実際には，それが意外にむずかしいのだが）．

むしろもっと必要なのは，経営者そのものの姿勢である．第1章の表現をふたたび借りれば，「従業員を注意深く観察し，コミュニケーションをしっかり行う地道なベースがあり，そのような経営者の姿勢が成長に必要な人材を育てることにつながる」のである．

本書から，育成に成功する経営者の姿を具体的に描いてみると，次のようになるだろう．

まず重要なのは，経営者本人が確固たる「人材育成」観をもっていることである．どういう人材を必要とし，どのようなやり方で育てようとしているのか，あらためてよく考え，それを経営者が自分の言葉で具体的にわかりやすく表現することである．そのような積極的な姿勢は，経営者の真のリーダーシップ，そして社員の経営者に対する成長に欠かせない「共感」の源泉につながっていくだろう．

価値観を形成する際，気をつけるべきことは，社員を個人として尊重したうえでの働きかけをすることである．コミュニケーションのとり方次第で，社員は経営者に共感することもあれば，逆に反感をもつこともある．大事なのは，社員は単に金銭のためだけに働いているわけではなく，やりがいのある仕事をしたい，誇りをもって仕事をしたいと思っていることをよく理解し，行動することだろう．やりがいを求めて仕事を選択する傾向は，ガゼル企業で働く社員

ほど強いことがデータからも確認されている.

社員が少なく，さらに不足がちな成長企業では，社員の年齢や就業形態などによって区別せず，会社にかかわる社員全体に目を向け，育成する姿勢も大切だろう．若いから，高齢だから，女性だから，パートだからといって，人材育成を軽視することは，成長のブレーキとなる．ある百貨店の経営者は，それまで能力開発プログラムの利用機会が正社員だけに限られていたのをやめ，希望し，一定の条件を満たせば，正社員，パート社員，アルバイト社員，派遣社員に関係なく，利用できるようにした．辞めていく社員にそのような機会を与えても無駄だという声に，経営者はこう言った．「お客様にとっては，パートもアルバイトもすべて〇〇（百貨店名）の社員だ」．このような人材育成観が成長企業には求められるのである．

その育成に際して強く求められることに，経営者としては社員を信頼し，リスクをおそれず彼（彼女）らに「任せる姿勢」を示すことがある．期待され，任されることで，社員は企業への帰属意識を高め，そこにやりがいを感じるのである．任すことは1つの重要な人材育成の戦略である．

特に成長企業では社員の誰もが忙しく，OJTなどの能力開発に割く時間は，ついつい不足がちになる．だからこそ，社員をしっかり見守りながら，責任をもたせて社員にゆだねる，そして失敗に対しては，適宜，修正していく姿勢が必要になる．「会社としては基本的な目標だけ掲げ，詳細については各自の責任にまかせる．目標から逸脱したときだけ修正する」，「人材を信用し，能力を高く評価し，失敗は経営者がとるようにしています」といった経営者の声は，その姿勢を的確に表している．

実際，成長の過程では，経営者が会社のすべてに目をくばることができなくなる．それにもかかわらず，すべての指示や決定を経営者が1人で行おうとすれば，どうしても判断を誤ったり，目が結局，行き届かず，社員との間に不要な対立も生まれかねない．そのような事態を避けるためにも，経営者は，右腕となる人材の育成と確保にものりだすべきである．

第3章の分析からは，右腕人材が，企業としての最適な決定を行ううえでのベンチマーキング（企業外部にあるビジネス機会に関する情報の収集と学習）を行うことで，成長に重要な役割を果たしていることをみた．経営者だけでは事業

や育成に関する判断を間違える可能性は常にある．企業が拡大するなかで，右腕が経営者の良き相談相手になり，さらには社員の意思疎通をはかるための橋渡しをすることが求められる．さらに，成長企業における人材育成の最大のネックは，時間の問題と同時に，指導する人材が不足しがちなことである．指導を担う右腕人材を確保し，経営や育成の一部を任せることが，特に従業員が10人以上の規模に成長した企業では必要になってくることを経営者は意識すべきなのだ．

そして能力開発を効果的に行っていくうえでは，会社の人材育成観に共感する社員を採用することが前提となるだろう．そのためにこそ，経営者は人材育成の方針やそれに対する経営者の考え方を，求職者に対して積極的に情報開示していく必要がある．

第4章や第5章のデータ分析からも，就職前に能力開発についての情報が十分に入手できたと考える社員ほど，就職後の満足度は高い．しかしながら，能力開発や経営方針などは，転職者にとって重要な情報であるにもかかわらず，手に入りにくいのが現状である．それは言い換えれば，経営方針や能力開発についての考え方や実績を経営者が外に向かって開示することで，独自に有能な人材を獲得する可能性も高めることになる．

転職のリスクをおそれてはならないといったが，そうはいっても企業はせっかく丹念に育成した人材をみすみす逃す手はない．そのため，成長している企業は，定着のための雰囲気づくりにも積極的なものである．定着をうながすための工夫の声を，自由意見から拾い上げてみると，「社員に責任や自由を明確にした仕事を提供すること」，「頻繁にコミュニケーションをとること」，「明るくて開放的な職場の雰囲気づくり」などに，経営者は心を配っていることがわかる．

さらに，従業員の定着のためには日頃からのコミュニケーションをとることと同時に，採用を行う段階で求職者に会社や仕事についての情報提供が重要だという声も多い．先の情報開示とも関連するが，就職時点で仕事や会社の中身をよく説明することも会社に適した人材の定着には効果的なのである．「採用時に時間をかけてお互いの思いのミスマッチを少なくする」経営者の姿勢が，成長企業の従業員の働き甲斐にとってきわめて重要となる．経営者の「人柄」

の評価にもつながっていくのである．

3. 成長企業で働くために

　一方で，成長する企業で働きたいと考える人々は何を重視して会社を選択し，働けばよいのだろうか．

　まずポイントは，人材育成の面で共感できる経営者や会社を探すことだ．そのためには求職に際しても，育成に関する考え方や実績について情報開示に積極的な企業を探すべきだろう．その際，良い経営者は，本人の考え方，特に人材観を積極的に示すものである．それを示せない，もしくは示そうとしない経営者にはそれだけの理由があるのであって，経営者の本心に耳を傾けることが肝要である．

　加えて，就職の条件として，高い年収やゆとりある労働時間などを過度に期待するとすれば，ガゼル企業に出会うチャンスは遠のくことになる．第1章の分析からは，成長企業だからといって，年収や労働時間について社員の満足度が高いといった結果はみられない．賃金面などは全体平均よりも低くさえなっている．

　むしろ，会社で働く人々が，経営者を含めて一体となって，自分たちの目標を一つひとつ実現させていこうとする職場の雰囲気に魅力を求めるならば，成長企業への就職の道は開けてくる．成長企業もそういう希望をもった社員を求めている．社員にとって成長企業で働く最大の魅力は，やりがいを求めて働くことができることであり，それにあわせて自分自身の能力を成長させる機会に出会えることなのである．

　それでは成長企業の人材育成観や雰囲気に魅力を感じ，そのような企業に就職したいと考えたとき，どのような入職経路を選択すべきなのだろうか．成長企業への就職を含め，価値観や雰囲気などの数量化がむずかしい情報を収集でき，結果的に転職の満足度を高めるためには，日ごろから企業外に人的ネットワークを形成する努力をしておくことが望ましい．社外に，広くて信頼できる人間関係を確保していることは，転職に際しての有力な武器となっている．その人間関係の先に成長企業で働く友人・知人がいて，本人のやる気や人柄を評

価してくれているならば，人手が不足がちなそれらの企業への就職はぐっと近づいてくる．

そのような人間関係の輪ができるためには，いろいろな出会いの場がある．第4章の分析では，ノウハウ取得や能力を高めようとして教育訓練機関へ参加することが，幅広い人間関係の構築にも影響している可能性なども示唆されている．出会いはひょんなところからやってくる．

転職に限らず，独立開業を希望する人に，インキュベーターで支援や相談の仕事をしているある人物は，小学校の同窓会への参加をうながすという．小学校の卒業者には多様な業種や職業で働いている人も多く，同時に同窓生ということでなくとなく信頼感もある．そこからネットワークやビジネスチャンスが広がることもあるというのだ．同じように，NPOや地域活動への積極的な参加も意外に転職や独立のチャンスを広げてくれるかもしれない．

ただし，そのことが現在働いている会社での仕事を軽視し，おろそかにすることを意味するものではもちろんない．転職がうまくいくためには，転職前の会社からの紹介が重要だったり，取引先の会社などからの誘いがきわめて効果的だからである．それだけでなく，転職に必要な職業能力は，今の勤務先の仕事を通じて獲得できるものである．そう考えると，逆説的ではあるが，現在の会社で一所懸命働くことも，転職のためには大切となる．

さらには転職に有利な人材像として，プロフェッショナルな専門人材も1つの方向性であろうが，同時にこれからは指導力や調整力をもったある面ではマネージメントの専門家としての右腕人材となることを目指すのもいいかもしれない．特に成長企業では，能力開発を指導する人材や，相談相手や情報提供してくれる右腕となる人材が必要とされている．そのような人材として，第3章の分析からは，大企業経験者も歓迎されており，余剰が指摘される大企業中高年ホワイトカラーにとって，右腕人材になるための努力は，あらたな職業人生を切り開いてくれる可能性をもっている．

中高年だけでなく，若者にとっても，なにも専門的なナンバー1をめざすだけが職業人生ではないのだ．むしろ，人と人をつなぎ，人を育てることができる右腕的な人材こそが，成長企業を生み出す1つの原動力となっているのである．

4. 成長企業のための環境整備

　以上，人材育成と情報開示をキーワードに，成長企業となるため経営者のあり方と，成長企業で働くために認識すべき点を整理してみた．

　第5章で指摘したように，日本社会のなかで，人材を育成しようとしない企業が増えていくならば，日本で働く人々全体の技能水準が低下していくおそれがある．企業が人を育てようとしなければ，社員もその会社に共感をもてず，転職に踏み切りやすくなる．一方で，会社もせっかく育てても社員が辞めていくとか思えば，育成に消極的となる．その結果として，人材育成は行われず，労働者も転職を繰り返す「均衡」が実現かもしれない．それは，経済学的にいえば，情報の非対称性が人的資本への投資を過小にしていることを意味することになる．

　そこで企業に代わって労働者本人の努力に期待しても，労働市場での情報機能が整備されていなければ，個人が自分に投資しようという動機は起こりにくい．転職しても，それまで身に付けた技能や経験が認められるとは限らないからである．そうなると結局は個人によっても企業によっても人的投資がなされず，日本社会全体が深刻な人材不足の状況に陥ってしまう．人材が育成されず，そして活かされなければ，会社や個人の成長もおぼつかなくなり，ひいては社会全体の成長もますます鈍化していくことになる．

　このような状況を避けるためには，人的資源すなわち人材育成を大切に考える企業と，会社のなかでやりがいを求めて働きたいと思う人々が共感し，会社と個人の成長のために相互に協力し合える環境を整備しなければならない．そのとき大事になるのは，人材育成を重視する成長企業を社会全体でサポートし，そうした企業へ人々が就職や転職しやすくなる労働市場を創っていくことである．

　その際，雇用者の大部分が属する中小企業の人材育成がきわめて大きな役割を担うことになる．今後は政策的にも，人材育成に積極的な企業への集中的な支援をもっと進めていかなければならない．そこでは，中小企業ということで一律的な援助を行う政策を見直し，多様な中小企業のなかから施策の対象を適

切に選別していくことが求められる．

　そこで選別のポイントとなるのは，やはり個々の中小企業の人材育成の状況だろう．主体的に能力開発を実施している企業，加えて情報開示にも前向きで，結果的に社員の定着も進んでいる企業にこそ，集中的な支援や裁量の余地が与えられてよい．

　そして，雇用創出という観点からも，わずか4％のガゼルが全体の4割以上の雇用を創出している現状をもっと認識すべきなのだろう．一部の有力な成長企業を育てることが，結果的に社会全体の雇用を創出していくことになる．中小企業の雇用創出戦略として，人材育成を位置づけることも求められる．現在，個人の能力開発を支援する制度として，教育訓練給付制度が労働者本人による人的投資のための資金不足を解消することを目的につくられている．今後は，労働者個人による能力開発の支援策に加え，多くの企業がさらに積極的に育成に取り組む仕組みも考えなければならない．

　そこで1つには，成長企業を促進するための環境整備として，資金調達問題の解消が重要になる．能力開発の必要性を意識していながらも，資金不足から資本設備を整備できないことで，人的資源の稼動時間も延び，育成の余裕が確保できない中小企業も多い．成長企業の人材育成を進めるうえでは，労働市場に関連した対策だけではなく，資金市場についての対応も必要なのである．

　さらに中小企業のなかには，時間が不足しがちなことなどから，計画的・体系的なOJTのノウハウが欠けている場合もある．忙しくて育成の時間がとれないというのは，特に伸び盛りの若い従業員の将来にとって深刻な問題となる．成長企業の経験などを参考に，多くの中小企業が無理なく取り組めるような効果的なOJTのプログラム作成や，うまく人材を育成するための事例を豊富に提供する政策がもっと考えられてよいだろう．

　成長する中小企業では，右腕となる人材として大企業から意欲と能力のある人材が転職しやすくなるような環境も求められている．大企業からの円滑な人材移転が進むことは，さらに不足する人材育成の指導者としてあらたな活躍の場を提供すると同時に，大企業の雇用過剰に対して一定の解決策を提示することになる．

　そう考えたとき，現状の課題とは，企業グループを超えた，企業と企業が直

接に人材に関する信頼できる情報を交換する場，つまりは「ファーム・トゥ・ファーム（企業から企業へ）の人材ネットワーク」をもっと広げていくことである．

　ここでの分析からも，「以前の勤務先」の紹介や「現在の会社からの誘い」が，転職先の情報入手を容易にし，従業員の満足度を高めることが確認されている．金融・保険業などで働く一部の人々を除くと，製造業など他の産業では，以前の勤務先を通じた転職先の情報入手がしにくいのが現状である．さらに，転職情報を入手しやすい前の会社の紹介を受けることができるのは，多くの場合，高学歴者や高い職業上の地位に就いていた人々に限られている．誰もが均等かつ効果的に情報を獲得できるようにするためには，再就職支援ビジネスそのものの育成を進めていくべきだろう．それによって企業同士のマッチングをサポートする労働市場が整備されていくことになる．

　ただし，企業間の人材情報ネットワークができたとしても，転職する本人が蚊帳の外であり，転職先について情報が事前に十分提示されていなければ，結局はマッチングそのものがうまくいかなくなる．その意味で，転職者に対する事前に「知らせる」仕組みの確立は急務だろう．そのために業界団体や事業組合などが率先して，仕事に必要とされる客観的な職業能力基準の確立に向けた取り組みを行うことが望まれる．さらには，とにかくその会社で「働いてみる」ことがもっともマッチングには効果的なことを考えると，第4章で提案されているように，現状の「試用期間制度」を「研修期間制度」に見直すことも，十分検討に値するだろう．

5. おわりに

　日本では働く人々の圧倒的多数が中小企業に就業している．その中小企業のなかから，1つでも多くの成長力のある企業，つまりはガゼル企業が生まれることが，やや大げさな言い方かもしれないが，これからの日本経済の命運を握っている．上昇傾向を続ける失業率に歯止めがかかるかも，雇用創出力の強いガゼル企業が多く登場するかどうかにかかっている．

　1990年代末以降，雇用の伸びも鈍化し，収益も低下している中小企業が再

結　章　成長企業の人材戦略

び自信を取り戻すには，どうすればいいのか．不況のなかでも成長を続ける企業を調査した結果は，その人材育成を重視する姿勢と，そのための具体的な取り組みである．労働市場の流動化や外部労働力の活用が進むなか，企業としても，人材育成にどの程度積極的に取り組んでいくべきなのか，正直，迷うところかもしれない．しかし，ここでの調査の結果が結論するのは，「人材育成のない企業成長はあり得ない」ということである．

　従業員わずか数名から急成長した，ある情報サービス企業を興した経営者は，こうよく言っていたという．「うちの会社では育てられようとする社員は要らない．必要なのは勝手に育っていく社員だ」

　その言葉だけ聞いた人は，その経営者が人材育成に無関心だったと思うかもしれない．しかし，事実は違う．その会社からは，実際に多くの人材が輩出され，その経営者をモデルに，みずからも会社を興すべく育っていった．人が勝手に育つためには，しっかり1人の社員をみつめ，適材適所に配置し，責任を与え，自分も一緒に走っていなければならないのだ．それをその創業者が実践していたからこそ，その会社は本当の意味で人材を育ててきたのである．

　別の，女性が活躍することで定評のある出版会社では，女性にやさしい企業と言われることに，不満の色を隠さない．その理由を人事担当者はこう説明する．「〇〇（会社名）は，女性にやさしい会社ではありません．むしろ，きびしい会社だと思っています．女性ということで甘やかしたりしませんから．そのかわり，意欲と能力のある女性にはできるだけのサポートをしています」

　成長企業とその経営者は，それぞれに独自の人材育成の考え方をもっている．一つひとつ違うその考えも，人材が育たなくては会社の発展はないという点で，はっきりと一致している．

　そして人材育成を重視する企業の多くは，その考え方を外部に開示することを憚らないことが多い．能力開発を重視するある自動車会社の人事関係者は，流動化が進むなか，「企業内部での人材育成はコストに感じないか」と質問されると，誰もがきっぱりとこう答える．「まったく感じません．△△（会社名）では，能力開発をコストだと考える発想はありませんから」．

　会社の考え方や期待する人材像を積極的に開示する企業には，その企業に合致した人材が集まるものだ．成長企業が情報開示を進めることで，会社に共感

する人材が集まり，育っていき，それがさらなる成長をもたらすのである．

調査概要と実施方法

佐藤　博樹

　通商産業省（現，経済産業省）は，政府の「緊急雇用対策」（1999年度）の一環として，日本商工会議所に委託し，「総合的人材ニーズ調査」を実施した．「総合的人材ニーズ調査」は，(1)日本における人材需要の量（人数）と質（職種や実務経験，資格などの職能要件）を包括的に把握することを目的とした「一般ニーズ調査」（全国約33万社に対する郵送調査）と，(2)不況下においても人材重要が旺盛な中小企業を対象とし，人材ニーズの内容を詳細に把握するとともに，企業と転職者の両者にとって望ましい採用や転職のあり方を明らかにすることを目的とした「特定ニーズ調査」（全国約5,000社に対する訪問調査と当該企業の中退採用者に対するアンケート調査）の2つから構成されている．

　「総合的人材ニーズ調査」を実施するために，「人材ニーズ調査研究委員会」と同委員会に「専門委員会」が設けられれた．前者の調査研究委員会は，2つの調査に関する基本方針の策定を行い，後者の「専門委員会」は「特定ニーズ調査」の企画，分析を担当した．本書の執筆者はすべて「専門委員会」の委員で，また編者2名は，「人材ニーズ調査研究委員会」の委員でもあった（詳しくは後掲）．

　本書で分析に利用しているデータは，「特定ニーズ調査」にもとづくものである．「特定ニーズ調査」は，下記のように実施された．

　(1)1999年8月27日から9月20日に実施された「一般ニーズ調査」に回答した企業（約88,000社）のうち，①常用雇用者数が100人未満であり，かつ②過去1年間（1998年9月〜1999年8月）に正規社員の中途採用を実施した企業を，原則として「特定ニーズ調査」の調査対象候補とした．

　(2)調査対象企業数5,000を調査実施担当機関ごとに割り当て，日本商工会議所3,500社，全国商工会連合会1,000社，全国中小企業団体中央会500社とし，訪問調査を依頼した．

　(3)各地商工会議所，商工会は上記(1)でリストアップされた企業のなかから全国中小企業団体，中央会はリスト外の会員企業等のなかから，それぞれの割り当て数に応じて調査企業を選定し，調査の了解を得た企業に調査員が訪問し，経営者等を対象に

「特定ニーズ調査」の企業調査である「人材の確保と育成に関する調査」に関してヒアリングを実施した．調査対象企業の選定にあたっては，業種に偏りがないこと，成長企業（業績が堅調，事業を拡大している，従業員が増えている等）を優先することを配慮した．

(4)経営者の回答内容に応じて「特定ニーズ調査」の従業員調査を実施した．従業員調査は，過去3年間に中途採用された正社員を調査対象とし，1企業2名の選定を依頼した．対象者の選定方法は，過去3年間に同一業務に2名以上中途採用した企業の場合はそのうち勤続年数が短いものから2名を選び，同一業務に2名以上を採用していない企業では，採用時に35歳以上であった正社員を2名まで選ぶこととした．後者の場合，対象がゼロ人となり，従業員調査を実施しない企業もある．企業に従業員調査票の配布を依頼し，従業員自身が記入後，直接日本商工会議所宛に返送する方式を採用した．

(5)調査の内容は，企業調査では，経営者の右腕や基幹的な人材の充足状況や両者に対する人材需要の内容，従業員の能力開発の現状と課題，中途採用の方法や採用者の評価などで，従業員調査では，中途採用された正社員に対して，転職までのキャリア，転職のプロセス，教育訓練歴と訓練ニーズ，転職に伴う仕事や生活の変化等である．さらに，企業調査と従業員調査をリンクさせ分析できるように調査を設計した．

(6)回収数は下記のようになる．

企業ヒアリング調査
  回答企業数　　　　　4,119件
  業種構成
    建設業　　　　　　16.7%
    製造業　　　　　　24.3%
    運輸・通信業　　　 6.2%
    卸売・小売業・飲食店　23.2%
    サービス業　　　　17.3%
    その他　　　　　　10.5%
    無回答　　　　　　 1.8%
  従業員規模別構成
    4名以下（0名を含む）　9.5%
    5〜9名　　　　　　18.2%
    10〜19名　　　　　24.2%
    20〜29名　　　　　14.2%
    30〜49名　　　　　15.2%

    50〜99名   15.3%
    その他   0.8%
    無回答   2.6%
  従業員意識調査
    回答従業員数：3,600名
    種類別構成比
    Aさん：同一の業務に2名以上採用したうち，もっとも勤続年数が短い人
                                                           23.1%
    Bさん：同一の業務に2名以上採用したうち，Aさんの次に勤続年数が短い人
                                                           21.4%
    Cさん：採用時35歳以上だった人（A，Bを除く）   10.3%
    Dさん：採用時35歳以上だった人（A，Bを除く）   4.3%
(7)委員会の構成（肩書きは当時のもの）
〈研究委員会〉
    委 員 長　佐藤博樹　東京大学社会科学研究所教授
    副委員長　玄田有史　学習院大学経済学部教授
    研究委員　小林辰滋　雇用・能力開発機構職業能力開発総合大学校東京校長
            横山　茂　財団法人専修学校教育振興会専務理事
            桐原　勉　中小企業総合事業団中小企業大学校事務局長
            小池伴緒　財団法人社会経済生産性本部理事
            井田　敏　全国商工会連合会専務理事
            菅野利徳　全国中小企業団体中央会専務理事
            篠原　徹　日本商工会議所常務理事
    オブザーバ　通商産業省産業政策局　中小企業庁指導部
              労働省職業能力開発局　文部省高等教育局
〈専門委員会〉
    委 員 長　佐藤博樹　東京大学社会科学研究所教授
    専門委員　脇坂　明　学習院大学経済学部教授
            玄田有史　学習院大学経済学部教授
            黒澤昌子　明治学院大学経済学部助教授
            高橋徳行　国民生活金融公庫総合研究所主任研究員
            大木栄一　日本労働研究機構人的資源管理研究グループ副主任研究員
            本藤俊男　全国商工会連合会指導部長
            橋本一美　全国中小企業団体中央会調査部長

　　　　高野時秀　日本商工会議所人材開発部長
オブザーバ　通商産業省産業政策局企業行動課

特定ニーズ調査の概要

佐藤　博樹

1.　企業ヒアリング調査

1.1　経営者がもっとも頼りにできる右腕について

　経営上，経営者が最も頼りにできる人材すなわち右腕がいるかどうかをみると，「いる」とした企業が74.2％と4分の3を占め，「いない」とした企業は24.4％となった（表1）．さらに，右腕が「いる」とした企業は，「いない」企業に比べ，同業同規模の他社に比べ競争力が強いとしたものや今後の経営方針として事業拡大を考えているものが多くなる（表2）．中小企業が，競争力を強めたり事業を拡大するためには，経営者一人の力量では足りずに，右腕となるような人材が必要となることが示唆される．

　右腕とされた人材は，経営全般など特定の業務分野を担当していない者（44.9％）が多く，特定の業務分野を担当している場合では，営業（16.3％），管理全般（6.4％），生産技術・生産管理（5.6％）などが多くなる（回答者計に対する比率，5％以上の項目）．

　また右腕は，経営者の兄弟姉妹（7.4％）や子供（21.0％）などの親族である場合よ

表1　右腕の有無と右腕へのニーズ

単位：（％）

右腕が「いる」	74.2
右腕が「いない」	24.4
うち右腕が欲しい	17.7
特に欲しくない	5.8
無解答	0.9
無解答	1.4
計	100.0

（注）　比率は，すべて計に対するものである．

表2 企業の競争力と今後の事業拡大の方針（右腕の有無別）

	競争力指数	事業拡大指数
右腕が「いる」	77.5	40.5
右腕が「いない」	27.7	31.0

(注) 競争力指数：同業同規模の他社と比べた自社の競争力の評価に関する設問の回答から，〔「強い」（％）×2＋「まあまあ（強い）」（％）〕－〔「弱い」（％）×2〕として算出．このほかに選択肢として「わからない」がある．

事業拡大指数：今後の経営方針に関する設問の回答から，〔「事業を拡大する」（％）〕－〔「事業を縮小する」（％）〕として算出．このほかに選択肢として「現状維持」，「わからない」がある．

りも，社員（49.0％）であることが多い．右腕が社員の場合，一般社員が右腕に育ったとした企業（64.8％）が多いが，右腕として企業の外部から採用（出向・転籍の受け入れを含む）した企業（25.4％）も4分の1を占める．つまり右腕を企業外部から採用することも可能なのである．

右腕となる人材を外部から採用した企業は，その人材を知人（23.7％）や取引先や金融機関（17.4％）などに依頼して探している．他方，「職安・人材銀行」（4.7％），「民間の人材紹介会社」（0.5％），「新聞や求人紙・誌」（2.4％）を利用した企業は少ない（「その他」が43.3％）．このような右腕の採用方法は，後述する基幹的人材とは異なる．右腕を採用する場合は，仕事上に求められる能力だけでなく，経営者の経営方針への共感が得られるか，経営者と性格面などであうかどうかなども重要な採用条件となるため，そうした点に関する情報が得やすい採用方法が活用されているといえよう．

外部から採用した右腕に期待していた職務能力（複数回答）は多様であるが，「企画・発想」力（12.7％），「状況把握」力（11.9％），「達成行動」力（11.1％）などが10％以上の指摘率を集めた．

外部から採用された右腕の前職では，中小企業（規模300人以下，53.8％）だけでなく，大企業（301人以上，32.7％）もかなりの比重となる．

右腕がいない企業で，今後右腕が欲しいと回答した企業の割合は72.7％で，今後の経営方針として事業の拡大を考えている企業では，その比率が82.7％と高くなった．事業拡大を考えている企業は，右腕への人材需要が高くなる．

右腕が欲しいとした企業は，右腕となる人材に管理全般（40.0％）を担うことを求めているものが多く，これに営業（21.2％），「人事・労務・教育」（13.0％），「経営計画」（12.2％）が続く（10％の指摘率の項目）．

右腕がいない企業のなかで今後，右腕が「欲しい」とした29.4％の企業は，企業外からの採用を考えている．企業外から採用する場合，同業での経験をもつ者を採用したいとした企業（40.0％）よりも，同業での経験にこだわらないとした企業（56.7％）が多くなる．また，「できれば大企経験者は避けたい」とした企業は少なく（15.3％），「大企業の従業員であったかどうかにはこだわらない」とした企業（75.8％）が多い．大企業の管理職や専門職が，中小企業の経営者の右腕として転職する機会があることがわかる．

1.2　基幹的な人材について

　調査対象となった企業の事業でもっとも重要と考えられる業務の担い手すなわち基幹的な人材の充足状況は，「充足している」とした企業が46.2％であるが，「不足している」とした企業も49.5％と約半数となる（表3）．基幹的人材が不足しているとした企業では，社内で育成するとしたもの（15.4％）もあるが，社外から採用するとしたもの（「社外から採用」と「社外から採用と社内育成の併用」：31.9％）も多い（すべて回答計に対する比率）．基幹的人材に対する人材需要がかなり大きいことがわかる．

　基幹的人材を社外から採用する場合の採用方法（複数回答）は，「職安・人材銀行」が61.6％ともっとも多く，これに「知り合いに依頼する」が42.5％で続き，さらに「新聞や求人紙・誌」が29.0％，「取引先や金融機関などに依頼して探す」が19.6％，「自社の社員に依頼して探す」が15.8％となる（15％以上の指摘率の項目）．右腕の場合とは異なり，基幹的人材の採用では，「職安・人材銀行」や「新聞や求人紙・誌」の活用が比率や順位で高くなる．

表3　基幹的人材の充足状況

単位（％）

充足している	46.2
不足している	49.5
うち社外から採用	9.4
社外から採用と社内育成の併用	22.5
社内で育成	15.4
その他，無回答	2.2
無回答	4.3
計	100.0

1.3 従業員の能力開発について

自社の従業員に関する能力開発の実施状況に関する自己評価では,〈積極的企業〉(非常に積極的である＋積極的な方だと思う:55.8%)と〈消極的企業〉(あまり積極的でない＋消極的である:42.5%)にほぼ二分された.また,能力開発の自己評価で〈消極的企業〉は,〈積極的企業〉に比べ,基幹的な人材の仕事上の能力について不満とする割合がやや高くなる(基幹的人材の仕事上の能力に「やや不満」および「不満」とした企業の比率は,〈積極的企業〉で39.8%,〈消極的企業〉で53.6%).こうした企業では,人的資源投資の充実が求められることになる.

〈積極的企業〉が,能力開発にもっとも力を入れている人材の能力開発の方法(複数回答)は,OJTが主となる(OJTのみを重視:23.7%,OJTが主であるが一部OFF-JTも実施:36.2%).

また〈積極的企業〉が,能力開発上の問題点(複数回答)としたのは,「指導する人材が不足している」(26.4%),「鍛えがいのある人材が集まらない」(20.5%),「人材を育成してもすぐ辞めてしまう」(19.5%),「人材育成を行う時間がない」(18.1%)などである(15%以上の指摘率の事項,「特に問題はない」とした企業は36.4%).

さらに,〈消極的企業〉が,能力開発に積極的でない理由(複数回答)としてあげた内容は,「人材育成を行う時間がない」(49.1%),「指導する人材が不足している」(42.8%),「人材育成を行うための金銭的な余裕がない」(25.1%),「鍛えがいのある人材が集まらない」(20.4%)などとなる(15%以上の指摘率の事項).

従業員の能力開発を積極的に行っている企業と能力開発に消極的な企業の両者とも,指導できる人材の不足や人材育成を行う時間がないこと,さらに鍛えがいのある人材がいないことを,能力開発の阻害要因としている.

社内で人材を育成する場合は,新規学卒者と中途採用のどちらでもよいとした企業が35.1%でもっとも多いが,新卒(15.4%)あるいは若年の中途採用(26.5%)が望ましいとした企業もかなりを占める.他方,若年以外の中途採用が望ましいとした企業は少ない(14.8%).中小企業であっても,基幹的人材などを社内で育成する場合,新卒や若年の中途採用者を希望するものがかなりの比重となる.

2. 従業員アンケート調査

2.1 転職のプロセス

過去3年間に調査対象企業に正社員として中途採用された者の採用時点の平均年齢は33.9歳で,中小企業から転職してきた者(転職前に勤務していた企業の従業員規模:20人以下39.2%,21-100人28.0%,101-300人:11.4%)だけでなく,大企業

表4 現在の会社に勤務する前における会社に関する情報入手の程度
－現在の仕事に関する満足度別－
（「十分に入手できた」と「ある程度入手できた」を合計した比率）　　　　（単位：％）

	会社の業績や将来性	会社の経営方針	経営トップの人柄や社風	勤務後の仕事内容	勤務後の年収
非常に満足	61.1	56.8	65.9	79.9	58.0
ほぼ満足	50.2	41.1	52.4	77.8	56.7
どちらともいえない	34.0	27.4	35.1	65.1	44.9
やや不満	27.5	21.7	34.7	66.9	43.3
不満	23.6	17.8	19.7	52.2	27.4
計	42.3	34.9	44.6	71.6	50.3

からの転職者（301人以上15.4％）も含まれている．

現在の勤務先への入職経路（転職につながった経路）は，「職安・人材銀行」（26.9％）と「友人・知人の紹介」（19.2％）が主なもので，現在の会社に転職が決まるまでの求職活動期間の平均は4.1ヶ月となる．

現在の会社を選んだ理由（複数回答）は，「やりがいのある仕事ができるから」（31.0％），「これまでと同じ仕事ができるから」（24.6％），「社長の人柄が気にいったから」（17.8％），「地元出身だから」（16.0％），「会社の将来性があるから」（15.4％）などとなる（15％以上の指摘率の項目）．転職先を決める条件として，仕事に関してはやりがいがある仕事であるかどうかやキャリアの連続性を確保できるかどうかが，会社に関しては社長の人柄や会社の将来性が，重視されている．社長の人柄が重視されているのは，中小企業のため一般従業員も社長と接する機会が多く，社長の人柄が社風などにも影響するためと考えられる．

仕事の内容や社長の人柄や会社の将来性が，転職先を選択する際の基準とされているが，選択に必要な情報が求職活動の段階において十分に提供されているわけではない．現在の会社への求職活動の段階において，(a)「会社の業績や将来性」，(b)「会社の経営方針」，(c)「経営トップの人柄や社風」，(d)「勤務後の仕事の内容」に関する情報が「ほとんど入手できなかった」とした者は，(a)が30.0％，(b)が34.4％，(c)が29.7％，(d)が10.9％となる．社長や会社に関する情報の提供が不十分であることがわかる．

また，現在の仕事に関する満足度と現在の会社に勤務する前に入手できた情報との関係をみると，現在の仕事に満足している者は，入社前に会社や仕事に関する情報を入手できていた者が多い（表4）．会社や仕事の選択に必要な情報が入手できていた

者では，入社後の仕事の満足度が高くなる．

　企業としては，求人に際してこうした情報を求職者に積極的に提供することが，採用後のミスマッチの解消に貢献できると思われる．とりわけ会社の経営方針や業績，社長の人柄や社風が理解できるような情報の提供が望まれる．

2.2 転職後の適応状況

　現在の会社に転職してから自分の能力を十分に発揮できるようになるまでの期間は，比較的短期間で，入社後一年までの間に能力を十分に発揮できるようになった者が52.7%と過半を占める（入社後すぐに14.5%，3か月程度12.0%，半年程度13.1%，1年程度13.1%，1年半から2年程度8.6%，2年半程度以上7.5%，まだ能力を十分発揮できていない16.5%，入社して期間が短いのでわからない12.4%）．

　また，現在の会社への求職活動の段階に勤務後の仕事内容について情報を入手できていた者では，採用後に能力を十分に発揮できるようになるまでの期間が短くなる（表5）．さらに，仕事内容に関して情報が入手できていた者では，転職までに習得していた経験や知識の転職後の仕事に活用度が高くなっている（表6）．

　企業としては，採用した人材の能力発揮までの期間を短くしたり，採用前に習得している経験や知識を十分に活用してもらうためには，採用段階において仕事内容に関

表5　現在の会社に勤務する前における仕事の内容に関する情報入手の程度と能力が十分に発揮できるまでの期間

(単位：%)

	入社後すぐに	3ヶ月程度	半年程度	1年後	1年半程度以上
十分入手できた	26.0	12.4	13.0	12.1	13.3
ある程度入手できた	12.7	12.2	13.8	14.1	16.3
あまり入手できなかった	7.1	11.8	12.8	14.4	17.2
ほとんど入手できなかった	10.6	10.9	11.2	8.9	18.8
計	14.5	12.0	13.1	13.1	16.2

	まだ発揮できていない	入社後の期間が短いのでわからない	入社後すぐに+3ヶ月程度	無回答
十分入手できた	13.1	7.8	38.4	2.1
ある程度入手できた	16.4	13.2	24.9	1.3
あまり入手できなかった	18.4	16.1	18.9	2.3
ほとんど入手できなかった	23.1	14.5	21.5	2.0
計	16.5	12.4	26.5	2.2

表6 現在の会社に勤務する前における仕事の内容に関する情報入手の程度と勤務後におけるそれまでに習得した経験・知識の活用度

(単位:%)

	活かせている	ある程度活かせている	どちらとも言えない	あまり活かせていない	活かせていない	無回答
十分入手できた	45.6	29.1	10.2	7.5	4.7	2.9
ある程度入手できた	27.5	37.6	15.0	10.4	6.7	2.9
あまり入手できなかった	18.8	34.3	20.1	12.8	10.0	4.0
ほとんど入手できなかった	21.1	31.7	16.5	15.0	12.7	3.0
計	29.0	34.3	14.9	10.5	7.6	3.8

する情報を求職者に十分提供することが重要である．

2.3 能力開発上の課題

現在の仕事に必要な能力開発で困っていることがあるかどうかをみると，「特に困っていることがない」とした従業員は39.2%で，残りの60%前後の従業員は，何らかの問題を感じている．その内容（複数回答）は，「仕事が忙しくて勉強する時間を確保できない」(25.8%)，「どこでどのような教育訓練をしているかわからない」(12.9%)，「勉強したいが何を勉強してよいかわからない」(12.2%)，「授業料が高すぎて外部の教育訓練機関が活用できない」(11.1%)，「仕事を教えてくれる上司や先輩がまわりにいない」(10.3%)，「適切な研修コースがある教育訓練機関がない」(10.0%)などである（10%以上の指摘率の項目）．従業員の教育訓練ニーズが充足される環境を整備するためには，能力開発の時間を確保するとともに，企業が求める職業能力やその職業能力を開発するために役立つ教育訓練機関の所在などに関する情報の提供が求められる．

調査結果・人材の確保と育成に関する調査結果（企業調査）*

※各設問の母数は特に表記のない限り 4,119 です．

1. 経営状況・戦略について

問1　経営者ご本人についてお尋ねします．
(1)　性別は　①男性　95.0%　②女性　4.0%　　無回答　1.0%
(2)　年齢は 55.8 歳（平均）
(3)　最終学歴は（中退は卒業に含む）．
　　　①中・高校卒　　　　　　46.9%
　　　②専門・専修学校卒　　　5.0%
　　　③短大・高専卒　　　　　3.3%
　　　④大学・大学院卒（文系）29.9%
　　　⑤大学・大学院卒（理系）12.4%
　　　⑥その他　　　　　　　　1.1%
　　　⑦無回答　　　　　　　　1.5%
(4)　経営者としては何代目ですか．　2.2 代目（平均）（※創立者の方は1代目）
　　　二代目以降の方が，引き継がれた時の年齢は 42.7 歳（平均）（→母数 2,352）
(5)　後継者は決まっていますか．
　　　①決まっている　　　　　39.8%
　　　②決まっていない（選考中も含む）
　　　　　　　　　　　　　　　53.8%
　　　③自分限りと思っている　3.0%
　　　④その他　　　　　　　　1.9%
　　　⑤無回答　　　　　　　　1.5%

問2　貴社についてお尋ねします．
(1)　個人経営ですか，法人経営ですか．
　　　①個人経営　3.4%　　②法人経営　95.9%　　③無回答　0.7%
(2)　過去3年間の正社員数をお教え下さい（平均）．

	平成9年3月末	平成10年3月末	平成11年3月末
正社員数	26.3人	26.4人	26.3人
	無回答 3.6%	無回答 3.1%	無回答 2.6%

(3) 事業の展開に必要な資金は，必要に応じて十分に調達できていますか．
　　①必要な金額を調達することができている　69.1%
　　②必要な金額を調達することは難しい　　　16.2%
　　③どちらともいえない　　　　　　　　　　13.7%
　　④無回答　　　　　　　　　　　　　　　　 0.9%

問3　貴社の経営戦略についてお尋ねします．
(1) これまで，力を入れてきたことは何ですか．当てはまるものを全て選んで下さい（複数回答可）．
　　①新製品・新サービスの投入　　　　　31.4%
　　②営業エリアの拡大　　　　　　　　　49.0%
　　③多角化の展開　　　　　　　　　　　20.4%
　　④ビジネスパートナーとの業務提携　　11.9%
　　⑤経営組織の見直し　　　　　　　　　31.2%
　　⑥コストダウン　　　　　　　　　　　56.8%
　　⑦マーケティングの強化　　　　　　　22.7%
　　⑧情報システムの構築　　　　　　　　21.8%
　　⑨人材育成　　　　　　　　　　　　　55.5%
　　⑩その他　　　　　　　　　　　　　　 3.2%
　　⑪無回答　　　　　　　　　　　　　　 0.2%
(2) 今後，力を入れていきたいことは何ですか．当てはまるもの全てを選んで下さい（複数回答可）．
　　①新製品・新サービスの投入　　　　　33.7%
　　②営業エリアの拡大　　　　　　　　　44.4%
　　③多角化の展開　　　　　　　　　　　20.0%
　　④ビジネスパートナーとの業務提携　　15.2%
　　⑤経営組織の見直し　　　　　　　　　30.8%
　　⑥コストダウン　　　　　　　　　　　48.2%
　　⑦マーケティングの強化　　　　　　　29.3%

⑧情報システムの構築　　　28.6%
⑨人材育成　　　　　　　　65.1%
⑩その他　　　　　　　　　 2.7%
⑪無回答　　　　　　　　　 0.8%
(3) 同業同規模の他社と比べて貴社の競争力をどの程度とお考えですか．
　①強い　15.5%　②まあまあ　62.9%　③弱い　14.6%　④わからない　6.3%
　⑤無回答　0.7%
(4) 今後の経営方針についてはどのようにお考えですか．
　①事業を拡大する　　41.2%
　②現状維持　　　　　50.8%
　③事業を縮小する　　 3.2%
　④わからない　　　　 4.1%
　⑤無回答　　　　　　 0.7%

2. 右腕（経営上，最も頼り）となる人材について

問4　企業経営の上で，あなたが最も頼りにしている「右腕」と言えるような人材が社内にいますか．
　　①いる　　⟶　問5へお進み下さい　　74.2%
　　②いない　⟶　問11へお進み下さい　24.4%
　　③無回答　　　　　　　　　　　　　 1.4%

問5　（問4で「1．いる」と回答された方にお尋ねします．なお，右腕と言える方が，二人以上いる場合は，その中で最も頼りにしている人を念頭において以下の質問にご回答ください）（→母数3,055）．
　　その方（右腕となる人材）は，あなたの親族・親戚以外の社員の方ですか，あるいは親族・親戚の方ですか．
　　①親族や親戚ではない共同経営者　　 9.3%　⟶　問6〜7をお答え下さい
　　②親族や親戚ではない社員　　　　　49.0%　⟶　問6〜10をお答え下さい
　　　　　　　　　　　　　　　　　　　　　　　　（※問9は該当者のみ）
　　③あなたの配偶者　　　　　　　　　 5.5%　⎤
　　④あなたの子供　　　　　　　　　　21.0%　⎥
　　⑤あなたの子供の配偶者　　　　　　 1.6%　⎬→「3. 基幹的な人材について」
　　⑥あなたの兄弟，姉妹　　　　　　　 7.4%　⎥　　へお進み下さい
　　⑦その他　　　　　　　　　　　　　 5.5%　⎦

⑧無回答　　　　　　　　　0.7%

問6　(問5で「1」または「2」と回答された方にお尋ねします)（→母数1,783）
　　その方を，あなたは後継者と考えられていますか．
　　①後継者と考えている　　　20.8%
　　②後継者とは考えていない　45.7%
　　③わからない　　　　　　　32.9%
　　④無回答　　　　　　　　　0.6%

問7　(問5で「1」または「2」と回答された方にお尋ねします)（→母数1,783）
　　その方について詳しくお教えください．
(1)　性別は　①男性　92.7%　②女性　5.2%　③無回答　2.1%
(2)　年齢は 44.0 歳（平均）
(3)　これまで貴社で何年ほど働いていますか　約14.2年（平均）
(4)　最終学歴は（中退は卒業に含む）
　　①中・高校卒　　　　　53.8%　　⑤大学・大学院卒（理系）　8.2%
　　②専門・専修学校卒　　6.8%　　⑥その他　　　　　　　　　0.2%
　　③短大・高専卒　　　　2.9%　　⑦無回答　　　　　　　　　2.7%
　　④大学・大学院卒（文系）25.3%
(5)　その方は，社内でどのような業務を担当されていますか．
　　①特定の業務は担当していない（経営全般を担当するなど）　44.9%
　　②特定の業務を担当している　　　　　　　　　　　　　　　48.4%
　　③無回答　　　　　　　　　　　　　　　　　　　　　　　　6.7%
　　→特定の業務を担当している場合は，どのような業務に従事していますか
　　　（例）　業務処理システムの設計・開発
　　　〔営業，管理全般，生産技術・生産管理〕（上位3項目）

問8　(問5で「2」と回答された方にお尋ねします)（→母数1,498）
　　その方を，どのようにして採用したのですか．
　　①新卒で採用した人材が，その後右腕に育った　　　　　14.7%　⎤　問10をお答
　　　　　　　　　　　　　　　　　　　　　　　　　　　　　　　　⎥　え下さい
　　②中途採用した人材が，その後右腕に育った　　　　　　50.1%　⎦
　　③はじめから右腕として育てるつもりで採用し育てた　　6.5%　⎤　問9～10を
　　④はじめから右腕として社外から採用した　　　　　　　12.6%　⎦　お答え下さい

⑤はじめから右腕として出向や転籍で受け入れた　6.3%
⑥その他　3.9% → 問10をお答え下さい
⑦無回答　5.9%

問9　(問8で「3」,「4」,「5」と回答された方にお尋ねします)(→母数379)
(1)　その方をどのような方法で探したのですか．決め手となった方法を一つ選んでください．
　①取引先や金融機関（信金や銀行）などに依頼して探した　17.4%
　②知り合いに依頼して探した　23.7%
　③自社の社員に依頼して探した　4.2%
　④ハローワーク（公共職業安定所）や人材銀行等で探した　4.7%
　⑤新聞や求人紙・誌で探した　2.4%
　⑥民間の人材紹介会社で探した　0.5%
　⑦その他　43.3%
　⑧無回答　3.7%
(2)　その方の貴社に勤務する直前の勤務先の規模などについてお教え下さい．
(a)　直前の勤務先の企業規模は．
　①小規模企業（従業員20人以下）　17.7%
　②中企業（21人から300人）　36.1%
　③大企業（301人以上）　32.7%
　④官公庁・団体　4.5%
　⑤自営業　3.7%
　⑥わからない　2.6%
　⑦無回答　2.6%
(b)　直前の勤務先の業種は．
〔地方銀行，一般土木建築工事業，一般貨物自動車運送業，各種商品卸売業〕
(3)　その方を採用する時に，どのような能力（資格）や働きを期待していましたか．
(例)　幅広い人脈と語学力を活かして，新規事業の国内および海外のマーケティング責任者として活躍して欲しかった
〔状況把握，企画・発想，達成行動，自動車運転者（第一種），土木施工管理技士，危険物取扱者，調理師〕

問10　あなたは，いつ頃からその方を右腕として頼りにしていますか．（→母数 1,498）
　　　①入社してすぐに頼りになった　　　　　26.6%
　　　②入社後 7.1 年程度してから頼りになった　60.5%
　　　③わからない　　　　　　　　　　　　　11.1%
　　　④無回答　　　　　　　　　　　　　　　1.7%

問11　（問4で「2．いない」と回答された方にお尋ねします）（→母数 1,007）
　　　現在，あなたの右腕になれるような人材が欲しいですか．
　　　①欲しい　72.7%　⟶　問 12 へお進み下さい
　　　②特に欲しくはない　23.7%　⟶　「3．基幹的な人材について」へお進み下さい
　　　③無回答　3.6%
欲しくない理由：（例）自分一人で，すべての業務を管理できるから

問12　（問11で「1．欲しい」と回答された方にお尋ねします）（→母数 732）
(1)　なぜ右腕となる人材が欲しいのですか．具体的な理由をお教え下さい．
(例)　企業規模が拡大し，日常業務全般を管理できる人材が必要になってきたから
(2)　右腕の方には，どのような業務をして欲しいとお考えですか．
(例)　銀行との一般的交渉や従業員の管理を責任持って行って欲しい
〔管理全般，営業，人事・労務・教育〕
(3)　右腕の方には，どのような能力（資格）や働きを期待していますか．
(例)　若い人が多いので，自分の考えをはっきり打ち出して，リーダーシップを発揮して欲しい
〔達成行動，影響・統率，企画・発想，土木施工管理技士，1 級建築士，情報処理技術者〕
(4)　右腕となる人材をどのように確保しようとお考えですか．
　　　①社外から右腕として採用する　　　29.4%　⟶　問 13 をお答え下さい
　　　②新たに採用した人材を育成する　　15.6%
　　　③現在社内にいる人材を育成する　　45.4%　⎤
　　　④その他　　　　　　　　　　　　　5.9%　⎬→「3．基幹的な人材について」へお進み下さい
　　　⑤無回答　　　　　　　　　　　　　3.8%　⎦

問13　（問12の(4)で「1」と回答された方にお尋ねします）（→母数 215）
(1)　社外から右腕として採用する場合，同業での経験を希望しますか．
　　　①同業での経験を希望する　　　　　40.0%
　　　②同業での経験にはこだわらない　　56.7%

③無回答　　　　　　　　　　　　　　3.3%
(2)　大企業の従業員だった人を右腕として採用したいお考えはありますか.
　　①できれば大企業経験者を採用したい　　　5.6%
　　②大企業の従業員であったかどうかにはこだわらない　75.8%
　　③できれば大企業経験者は避けたい　　　15.3%
　　④無回答　　　　　　　　　　　　　　3.3%

3. 基幹的な人材について
(注:「2. 右腕となる人材について」でお聞きした方とは別の従業員についてお尋ねします)

問14　貴社の事業を行う上で, 現在, 最も重要であると思われる業務についてお尋ねします.
(1)　その内容を具体的に記入して下さい(貴社の競争力を支えている業務, 最も力を入れている業務を念頭にお答えいただければ結構です).
(例)　新製品の設計・開発
〔営業, 販売・サービス, 生産技術・生産管理〕
(2)　その業務には, どのような能力や資格が必要ですか.
(例)　お客さんの声に常に耳を傾け, 潜在ニーズをくみ上げる能力とそれを技術的に解決する能力
〔企画・発想, 達成行動, 状況把握, 土木施工管理技士, 技術系資格その他, 自動車運転者(第一種)〕

問15　問14の(1)であげた業務に従事している人材は, 現在, 充足していますか, あるいは不足していますか.
　　①充足している　46.2%　→　問16へお進み下さい
　　②不足している　49.5%　→　次の設問(1)へお進み下さい
　　③無回答　　　4.3%

(上記で「2. 不足している」と回答された方にお尋ねします)(→母数 2,039)
(1)　何名ぐらい不足していますか. 約 2.7 人(平均)
(2)　その人材不足をどのように解消しようとお考えですか.
　　①社外から採用する　　　　　　　19.0%　→　次の設問(3)をお答え下さい
　　②社内で育成する　　　　　　　　31.2%　→　次の設問(4)をお答え下さい
　　③社外から採用するとともに, 社内でも育成する
　　　　　　　　　　　　　　　　　　45.5%　→　次の設問(3)をお答え下さい
　　④その他　　　　　　　　　　　　3.3%　→　問16へお進み下さい
　　⑤無回答　　　　　　　　　　　　1.0%

(3) （上記設問(2)で「1」または「3」と回答された方にお尋ねします）（→母数 1,315）社外からどのように人材を探しますか．当てはまるものを全て選んで下さい（複数回答可）．
　①取引先や金融機関（信金や銀行）などに依頼して探す　　19.6%
　②知り合いに依頼して探す　　42.5%
　③自社の社員に依頼して探す　　15.8%
　④ハローワーク（公共職業安定所）や人材銀行等で探す　　61.6%
　⑤新聞や求人紙・誌で探す　　29.0%
　⑥民間の人材紹介会社で探す　　10.2%
　⑦その他　　6.8%
　⑧無回答　　0.8%

(4) （上記設問(2)で「2」と回答された方にお尋ねします）（→母数 636）
　なぜ社内で育成するのですか．
　①社外に採用できるような人材がいないから　　9.4%
　②社外から採用しなくても社内で育成できるから　　70.6%
　③その他　　16.8%
　④無回答　　3.1%

問16　（全員の方にお尋ねします）
　問14の(1)であげた業務に従事している従業員の現在の仕事上の能力に満足していますか．
　①非常に満足している　2.6%　　「4.従業員の能力開発について」へお進み下さい
　②ほぼ満足している　47.5%
　③やや不満である　37.0%　　問17をお答え下さい
　④不満である　8.5%
　⑤無回答　4.4%

問17　（問16で「3.やや不満」，「4.不満」と回答された方にお尋ねします）（→母数 1,873）
　どのような点にご不満をお持ちですか．
（例）　お客さんからの情報収集能力が弱い．また，経営環境の変化に対して敏感ではない．
〔状況把握，達成行動，思考判断〕

4. 従業員の能力開発（レベルアップ，キャリアアップのための従業員教育）について

問18　貴社では，従業員の能力開発を積極的に行っているほうだと思われますか．
　　　①非常に積極的である　　　5.7%　┐
　　　②積極的な方だと思う　　　50.1%　┘→問19へお進み下さい
　　　③あまり積極的ではない　　39.3%　┐
　　　④消極的である　　　　　　3.2%　┘→問24へお進み下さい
　　　⑤無回答　　　　　　　　　1.7%

問19　（問18で「1」または「2」と回答された方にお尋ねします）（→母数2,297）
　　　どのような業務に従事している人材の能力開発に最も力を入れていますか．
（例）　営業，特に新規顧客の獲得
〔営業，販売・サービス，生産技術・生産管理〕
（以下の設問では，貴社が能力開発において最も力を入れている人材が従事している業務についてお尋ねします）

問20　その業務では，どのような仕事上の能力（資格）を持った人材に育てたいですか．
（例）　パソコンなど情報機器を使いこなして，顧客管理ができる人材
〔達成行動，企画・発想，状況把握，土木施工管理技師，技術系資格その他，情報処理技術者〕

問21　その業務に従事している人材の能力開発は，「OJT（職場内訓練）」と「OFF-JT（職場外訓練）」のどちらを重視して行っていますか．
　　　①OJTのみを重視して行なっている　　　　　　　　　23.7%
　　　②OJTが主ではあるが，一部OFF-JTも行っている　　36.2%
　　　③OJTとOFF-JTを均等に重視して行っている　　　　15.5%
　　　④OFF-JTが主ではあるが，一部OJTも行っている　　14.8%
　　　⑤OFF-JTのみを重視して行なっている　　　　　　　4.7%
　　　⑥無回答　　　　　　　　　　　　　　　　　　　　5.1%

問22　（社内全体の能力開発の状況についてお尋ねします）
　　　貴社では，従業員の自己啓発をどのように支援していますか．当てはまるものを全て選んで下さい（複数回答可）．
　　　①自己啓発に関する情報を提供している　　45.9%

②自己啓発の費用を援助している　　　　40.7%
③資格取得などに手当を支給している　　43.5%
④特別な支援はしていない　　　　　　　14.8%
⑤その他　　　　　　　　　　　　　　　 3.1%
⑥無回答　　　　　　　　　　　　　　　 2.0%

問23　現在，貴社における従業員の能力開発や人材育成に関し，何か問題点はありますか．当てはまるものを全て選んで下さい（複数回答可）．
①特に問題はない　　　　　　　　　　　　　　　　　　　　36.4%
②人材を育成しても辞めてしまう　　　　　　　　　　　　　19.5%
③育成を行うための金銭的な余裕がない　　　　　　　　　　 9.8%
④技術革新や業務変更が頻繁なため，人材育成が無駄になる　 1.6%
⑤どのような方法で人材育成を行えばよいかわからない　　　 3.5%
⑥鍛えがいのある人材が集まらない　　　　　　　　　　　　20.5%
⑦指導する人材が不足している　　　　　　　　　　　　　　26.4%
⑧人材育成を行う時間がない　　　　　　　　　　　　　　　18.1%
⑨その他〔　　〕　　　　　　　　　　　　　　　　　　　　 3.7%
⑩無回答　　　　　　　　　　　　　　　　　　　　　　　　 2.8%

問24　（問18で「3」または「4」と回答された方にお尋ねします）（→母数1,751）
　　　自社内での従業員の能力開発や育成に積極的ではない理由は何ですか．当てはまるものを全て選んで下さい（複数回答可）．
①自社内で能力開発や育成しなくても，外部より人材が調達できるから　　 5.5%
②自社内に能力開発や育成を必要とするような仕事内容ではないから　　　14.2%
③能力開発や育成をしても，従業員が辞めてしまうから　　　　　　　　　13.0%
④鍛えがいのある人材が集まらないから　　　　　　　　　　　　　　　　20.4%
⑤能力開発や育成を指導する人材が不足しているから　　　　　　　　　　42.8%
⑥能力開発や育成を行うための金銭的な余裕がないから　　　　　　　　　25.1%
⑦能力開発や育成を行う時間がないから　　　　　　　　　　　　　　　　49.1%
⑧技術革新や業務変更が頻繁なため，能力開発や育成が無駄になるから　　 1.7%
⑨どのような能力開発や育成を行えばよいかわからないから　　　　　　　12.4%
⑩その他　　　　　　　　　　　　　　　　　　　　　　　　　　　　　　 7.0%
⑪無回答　　　　　　　　　　　　　　　　　　　　　　　　　　　　　　 2.7%

問25 （全員の方にお尋ねします）
　　　人材を社内で育成する場合，「新卒採用」，「中途採用」どちらが望ましいと考えていますか．
　　　①新卒採用の方が望ましい　　　　15.4%
　　　②若年であれば，中途採用でもよい　26.5%
　　　③どちらでもよい　　　　　　　　35.1%
　　　④中途採用の方が望ましい　　　　14.8%
　　　⑤特に考えたことはない　　　　　6.0%
　　　⑥無回答　　　　　　　　　　　　2.1%

問26 （全員の方にお尋ねします）
　　　人材を社内に定着させるために工夫していることがあれば教えてください．
　　（例）責任のある仕事につける．仕事にある程度の自由度を与える．

5. 中途採用者について

問27 過去3年間（平成8年4月～平成11年3月）において，正社員を何名中途採用しましたか．このうち，採用時点で35歳以上の方は何名いらっしゃいましたか．
　　　　中途採用 5.7名（平均）
　　　　　　⟶ このうち採用時35歳以上 2.5名（平均）

問28 問27の過去3年間における中途採用者（正社員）についてお尋ねします．該当するケースに○印をつけ，以下指示に従い回答して下さい．
　　　①同一の業務に2名以上採用（採用時の年齢は不問）
　　　　したことがあり，かつ現在もその方々が2名　　→問29～34をお答え下さい
　　　　以上勤務している　　　　　41.1%
　　　　※注：現在は2名以上が同一の業務に従事していなくても結構です．なお違う業務で採用した場合や，現在は退職して1名のみの勤務となっている場合はこのケースは該当しません．
　　　②上記「1」のケースには当てはまらないが，採
　　　　用時に35歳以上で，かつ現在も勤務している　→問35～38をお答え下さい
　　　　方（人数は不問）がいる　　19.1%
　　　③上記「1」，「2」のケースには当てはまらない
　　　　　　　　　　　　　　　　　33.1% ⟶ これで調査は終了です
　　　④無回答　　　　　　　　　　6.7%

問29 （問28で「1」と回答された方にお尋ねします）（→母数 1,692）
　　過去3年間に同じ業務で2名以上の正社員を中途採用した業務の内容をお教え下さい．当てはまる業務が複数ある場合には，最も高い能力を要すると思われる業務を1つあげて下さい．
（例）　パソコンを使ったデザイン業務
〔販売・サービス，営業，製造〕

問30　過去3年間に問29の業務に中途採用した人のうち，最も勤続年数が短い人を『Aさん』，その次に勤続年数が短い人を『Bさん』とします．
　　Aさん，Bさんを採用する時点で，それぞれの方に期待した仕事上の能力（技能，経験，知識，資格など）はどのようなものでしたか．それぞれについてお教え下さい．
〈Aさんについて〉
（例）　パソコン上でデザインをできる能力．DTPデザイナー検定の資格
〔誠実性，協調性，達成行動，自動車運転者（第一種），大型自動車免許，技術系資格その他〕
〈Bさんについて〉
（例）　パンフレットなどの企画・デザイン能力
〔誠実性，協調性，達成行動，自動車運転者（第一種），技術系資格その他，大型自動車免許〕

問31 採用に際して，Aさん，Bさんの仕事上の能力を知るために，どのようなことをしましたか．Aさん，Bさんのそれぞれの場合について当てはまるもの全てを選んで下さい（複数回答可）．

	Aさん	Bさん		
62.0%	1	1	60.3%	1，2回面接を行った
6.6%	2	2	5.7%	3回以上にわたり面接を行った
26.5%	3	3	26.5%	担当する業務について詳しい社員を面接に加えた
11.1%	4	4	10.8%	業務経験や業績について以前勤務していた会社から情報を得た
12.1%	5	5	11.8%	業務経験や業績について紹介を受けた人や会社から情報を得た
9.5%	6	6	8.5%	人柄について以前勤務していた会社から情報を得た
12.5%	7	7	12.4%	人柄について紹介を受けた人や会社から情報を得た
18.6%	8	8	18.9%	担当する業務を実際にやらせてみた
6.0%	9	9	6.0%	仕事上の能力に関するペーパーテストをした
7.9%	10	10	8.3%	その他
10.5%	11	11	10.0%	特に何もしなかった
3.4%	無回答	無回答	3.9%	

問32 Aさん，Bさんの業務達成度についてお尋ねします（回答はおおよそで結構です）．
(1) 各人の入社直後の業務達成度について，同じ業務を担当している中堅社員の達成度を「100」とした場合，どの程度であったかお教え下さい．
　　同じ業務を担当している中堅社員がいない場合は，中堅社員がいると想定して下さい．
　　Aさんについて　63.7（平均）　　　Bさんについて　63.6（平均）
(2) 採用した時には，各人の業務達成度は採用後3ヵ月で，どの程度になるだろうと予想していましたか．同じ業務を担当している中堅社員の達成度を「100」としてお教え下さい．
　　Aさんについて　70.6（平均）　　　Bさんについて　70.8（平均）
(3) 上記(1)，(2)の回答にあたり，同じ業務を担当している中堅社員は実在しましたか．
　①有（実在した）84.9%　②無（想定した）11.9%　③無回答　3.2%

問33 各人の仕事上の能力について，現時点で考えると，採用時の期待を上回った点，下回った点があればお教え下さい．
　〈Aさんについて〉

　　　　上回った点
（例）情報機器関連（ハード，ソフト）についての知識が採用時に思っていたより豊富であった．
〔誠実性，協調性，達成行動〕
　　　　下回った点
（例）パソコン上でのデザイン能力が，採用時に思っていたよりも乏しかった．
〔機敏性，チャレンジ精神，協調性〕
　　　　〈Bさんについて〉
　　　　上回った点
〔誠実性，協調性，達成行動〕
　　　　下回った点
〔機敏性，チャレンジ精神，協調性〕

問34　Aさん，Bさんの仕事上の能力に関する現時点の満足度をお聞かせ下さい．
　　① 非常に満足している　　A　11.9％，　　　B　9.9％
　　② ほぼ満足している　　　A　57.0％，　　　B　56.2％
　　③ やや不満である　　　　A　19.9％，　　　B　20.7％
　　④ 不満である　　　　　　A　6.6％，　　　 B　7.7％
　　Aさん　無回答　4.6％　　　　　　　　Bさん　無回答　5.4％

問35　（問28で「2」と回答された方にお尋ねします）（→母数787，うちCさんのみは455）
　　　過去3年間に正社員として中途採用（採用時35歳以上）された従業員のうち，より高い能力を要求される業務に就いている人を2名選んでください．
　　　そのうちの1名を『Cさん』，もう1名を『Dさん』とします．なお，中途採用が1名のみだった場合には，その人を『Cさん』として，Dさんの回答欄は空白で結構です．
　　　Cさん，Dさんを採用する時点で，それぞれの方に期待した仕事上の能力（技能，経験，知識，資格など）はどのようなものでしたか．それぞれについてお教え下さい．
　　　〈Cさんについて〉
（例）簿記2級の資格および前職での経理部門での経験
〔誠実性，協調性，達成行動，自動車運転者（第一種），技術系資格その他，土木施工管理技士〕
　　　〈Dさんについて〉
〔協調性，誠実性，達成行動，自動車運転者（第一種），土木施工管理技士，大型自動車免許〕

問36　採用に際して，Cさん，Dさんの仕事上の能力を知るために，どのようなことをしましたか．Cさん，Dさんのそれぞれの場合について当てはまるもの全てを選んで下さい（複数回答可）．

	Cさん	Dさん		
52.6%	1	1	53.9%	1，2回面接を行った
6.6%	2	2	5.4%	3回以上にわたり面接を行った
16.4%	3	3	20.5%	担当する業務について詳しい社員を面接に加えた
18.2%	4	4	13.0%	業務経験や業績について以前勤務していた会社から情報を得た
13.7%	5	5	12.0%	業務経験や業績について紹介を受けた人や会社から情報を得た
13.3%	6	6	10.8%	人柄について以前勤務していた会社から情報を得た
16.8%	7	7	17.2%	人柄について紹介を受けた人や会社から情報を得た
16.5%	8	8	18.7%	担当する業務を実際にやらせてみた
2.5%	9	9	4.8%	仕事上の能力に関するペーパーテストをした
6.6%	10	10	7.8%	その他
11.3%	11	11	11.1%	特に何もしなかった
6.6%	無回答	無回答	4.8%	

問37　各人の仕事上の能力について，現時点で考えると，採用時の期待を上回った点，下回った点があればお教え下さい．
　　〈Cさんについて〉
　　　上回った点
(例)　金融や不動産関連の知識・情報を採用時に思ったよりかなり有していた．
〔誠実性，達成行動，協調性〕
　　　下回った点
(例)　経理実務についての知識が採用時に思ったより乏しかった．
〔機敏性，チャレンジ精神，協調性，思考判断〕
　　〈Dさんについて〉
　　　上回った点
〔協調性，誠実性，達成行動，機敏性〕
　　　下回った点
〔協調性，思考判断，チャレンジ精神〕

問38　Cさん，Dさんの仕事上の能力に関する現時点の満足度をお聞かせ下さい．
　　①非常に満足している　C15.6%，D12.7%　③やや不満である　C15.4%，D16.3%

②ほぼ満足している　　C58.3％，D57.2％　④不満である　　　C4.7％，　D 9.9％

　　Cさん　　　　　　　　Dさん
　　無回答　3.9％　　　　無回答　3.9％

調査結果・従業員意識調査結果（従業員調査）[*]

※各設問の母数は特に表記のない限り 3,600 です．

1. 現在までの職業経歴

問1 あなたは現在何歳ですか（平成11年10月1日現在）．
　　満 38.4 歳（平均）

問2 現在の会社に勤めはじめたのは何歳の時ですか．
　　満 33.9 歳（平均）

問3 転職先を探す上で利用したのはどれですか（該当するもの全てに○印）．
　　①求人情報誌　　　　　　　　　　　　　　20.4%
　　②新聞・チラシ・張り紙等の求人広告　　　20.3%
　　③パソコン通信・インターネット　　　　　1.8%
　　④ハローワーク（公共職業安定所）・人材銀行　41.2%
　　⑤民間の職業紹介機関　　　　　　　　　　2.8%
　　⑥以前の勤務先　　　　　　　　　　　　　5.9%
　　⑦以前の勤務先の取引先等　　　　　　　　8.6%
　　⑧現在の会社からの誘い　　　　　　　　　13.6%
　　⑨友人・知人の紹介　　　　　　　　　　　25.8%
　　⑩親兄弟・親戚の紹介　　　　　　　　　　12.9%
　　⑪その他　　　　　　　　　　　　　　　　4.6%
　　⑫無回答　　　　　　　　　　　　　　　　3.2%
付問 上記の中で，現在の会社への転職につながった最も有力であった番号を1つご記入下さい．
1位　ハローワーク（公共職業安定所）・人材銀行　26.9%
2位　友人・知人の紹介　　　　　　　　　　19.2%
　　　無回答　　　　　　　　　　　　　　　7.6%

問4　現在の会社に転職するまでの求職活動期間はどのくらいですか．
　　　約 4.1 か月（平均）　（※1年5か月の場合は「17か月」と記入）

問5　現在の会社への転職を決めるまでに，他の会社と面接しましたか（どちらかに
　　　○印）．
　　　①面接した　　　　　37.2%　──→　2.6 社
　　　②面接しなかった　　60.2%
　　　③無回答　　　　　　2.7%
付問　何社と面接しましたか（→母数 1,338）．

問6　現在の会社に勤めた理由は何ですか（該当するもの全てに○印）．
　　　①賃金がよかったから　　　　　　　　　　　　11.7%
　　　②労働時間が短いから　　　　　　　　　　　　8.5%
　　　③福利厚生がよかったから　　　　　　　　　　7.4%
　　　④管理職になれる見込みが高かったから　　　　3.1%
　　　⑤これまでと同じ仕事ができるから　　　　　　24.6%
　　　⑥やりがいのある仕事ができるから　　　　　　31.0%
　　　⑦モノづくりが好きだから　　　　　　　　　　9.1%
　　　⑧知人・友人・先輩がいるから　　　　　　　　10.4%
　　　⑨会社の将来性があるから　　　　　　　　　　15.4%
　　　⑩地元で評判がよい会社だから　　　　　　　　11.8%
　　　⑪社長の人柄が気に入ったから　　　　　　　　17.8%
　　　⑫転勤がないから　　　　　　　　　　　　　　13.6%
　　　⑬前勤務先での倒産・廃業，リストラにより　　11.1%
　　　⑭地元出身だから　　　　　　　　　　　　　　16.0%
　　　⑮家業を引き継ぐから　　　　　　　　　　　　2.4%
　　　⑯その他　　　　　　　　　　　　　　　　　　11.8%
　　　⑰無回答　　　　　　　　　　　　　　　　　　1.8%

問7　現在の会社で働きはじめる前に，現在の会社に関する次のような情報は入手できましたか（それぞれについて○印は1つ）．

	十分に入手できた	ある程度入手できた	あまり入手できなかった	ほとんど入手できなかった	無回答
㈲会社の業績や将来性	7.1%	35.2%	23.2%	30.0%	4.5%
㈭会社の経営方針	7.5%	27.4%	25.7%	34.4%	5.0%
㈰経営トップの人柄や社風	14.7%	29.9%	20.8%	29.7%	4.8%
㈨勤務後の年収	10.2%	40.1%	21.3%	23.3%	5.2%
㈺勤務後の職位	12.2%	32.9%	21.6%	27.5%	5.8%
㈲勤務後の仕事内容	20.7%	50.9%	13.3%	10.9%	4.2%
㈱勤務後の部下や上司	10.5%	27.5%	26.5%	29.9%	5.6%
㈱労働時間・休日・休暇	20.6%	45.4%	16.3%	13.3%	4.4%
㈹福利厚生	11.7%	33.4%	25.5%	24.0%	5.3%
㈲能力開発	5.4%	21.8%	31.6%	35.0%	6.3%

問8　現在の会社で働きはじめる直前に勤めていた勤務先についてお尋ねします．
　（1）　業種は何ですか（○印は1つ）．
　　　①建設業　　　　　13.0%
　　　②製造業　　　　　22.2%
　　　③卸売業　　　　　7.3%
　　　④小売業　　　　　7.9%
　　　⑤飲食店　　　　　2.1%
　　　⑥金融・保険業　　4.3%
　　　⑦不動産業　　　　1.0%
　　　⑧運輸・通信業　　6.6%
　　　⑨サービス業　　　18.8%
　　　⑩官公庁・団体　　2.9%
　　　⑪その他　　　　　10.5%
　　　⑫無回答　　　　　3.4%
　（2）　規模（従業員）はどのくらいですか（○印は1つ）．
　　　①5人以下　　　　　11.8%

②6～10人　　　　　12.4%
③11～20人　　　　 15.0%
④21～50人　　　　 16.4%
⑤51～100人　　　　11.6%
⑥101～300人　　　 11.4%
⑦301～1000人　　　 7.1%
⑧1001人以上　　　　8.3%
⑨わからない　　　　2.4%
⑩無回答　　　　　　3.7%

問9　現在の会社で働きはじめる直前に勤めていた勤務先での最高職位および現在勤務している会社での職位は何ですか．

	現在の会社での職位（○印は1つ）	前の勤務先での最高職位（○印は1つ）
一般	65.7%	61.1%
係長・主任クラス	12.1%	16.0%
課長クラス	7.4%	6.4%
次長クラス	1.9%	2.2%
部長クラス	5.4%	4.0%
役員クラス以上	2.8%	3.2%
	無回答 4.8%	無回答 7.2%

問10　現在の会社で働きはじめる直前に勤めていた会社と現在勤務している会社では，仕事上の取引関係はありますか（どちらかに○印）．
　　　　①ある　16.5%　　②ない　79.1%　　③無回答　4.4%

2. これまでのキャリアと現在の仕事

問11　あなたはこれまで正社員として（現在の会社も含め）通算何年ぐらい働きましたか．
　　　　　約16.0年（平均）

問12　あなたは現在の会社以外で，過去に出向や転職を経験したことがありますか
（○印は1つ）．
　　①出向や転職の両方の経験がない　　35.7%
　　②出向の経験のみある　　　　　　　 4.1%
　　③転職の経験のみある　　　　　　　50.1%
　　④出向と転職の両方の経験がある　　 6.2%
　　⑤無回答　　　　　　　　　　　　　 4.0%

問13　現在の会社で働きはじめる前に経験した仕事の分野，および現在の主な仕事
　　　分野についてお尋ねします．

	以前に経験した仕事分野（該当全てに○印）	現在の会社での主な仕事分野（○印は1つ）
管理全般（支店長・工場長等）	18.4%	13.5%
経営企画	25.4%	20.6%
法務	31.7%	30.3%
経理・財務・予算	417.0%	413.1%
人事・労務・教育	510.0%	52.2%
総務・秘書	68.1%	64.3%
広報・宣伝	74.6%	70.6%
情報システム	85.3%	81.6%
営業	928.6%	913.7%
販売・サービス	1035.4%	1013.9%
貿易・海外業務	111.2%	110.3%
資材・購買・物流・工程管理	1212.5%	125.3%
生産技術・生産管理	1310.6%	133.8%
製品開発・設計	146.9%	142.3%
研究・開発	153.4%	150.4%
製造	1621.9%	1712.8%
その他	1714.1%	1712.8%
	無回答 7.8%	無回答 8.3%

付問①　上記の中で一番経験年数の長い仕事分野の番号と，その通算経験年数をご記
　　　入下さい（現在の会社での経験年数も含めます）．

仕事分野　1位　販売・サービス（17.3％）
　　　　　2位　営業（14.8％）
　　　　　3位　製造（12.4％）
　　　　　　無回答 7.3％　　経験年数約 12.7 年（平均）

付問②　現在の会社で働き始める前の仕事のうち，前ページの分類の中で現在の仕事をする上で最も役に立ったと思われる仕事分野の番号と，その仕事の通算経験年数をご記入下さい（現在の会社での経験年数は除きます）．

仕事分野　1位　販売・サービス（14.8％）
　　　　　2位　営業（12.7％）
　　　　　3位　製造（9.8％）
　　　　　　無回答 24.2％　　経験年数約 9.5 年（平均）

問14　現在の会社以外で得た仕事上の経験や習得した知識や技術は，全体として現在の仕事にどの程度活かせていますか（○印は1つ）．
　①活かせている　　　　　　　　29.0％
　②ある程度活かせている　　　　34.3％
　③どちらともいえない　　　　　14.9％
　④あまり活かせていない　　　　10.5％
　⑤活かせていない　　　　　　　 7.6％
　⑥無回答　　　　　　　　　　　 3.8％

問15　現在の会社で，あなたが自分の能力を十分に発揮できるまでには，入社してからどの位かかりましたか（○印は1つ）．
　①入社後すぐに　　　　　　　　　　14.5％
　②3か月程度　　　　　　　　　　　12.0％
　③半年程度　　　　　　　　　　　　13.1％
　④1年程度　　　　　　　　　　　　13.1％
　⑤1年半程度　　　　　　　　　　　 3.1％
　⑥2年程度　　　　　　　　　　　　 5.5％
　⑦2年半程度　　　　　　　　　　　 0.6％
　⑧3年程度　　　　　　　　　　　　 6.9％
　⑨まだ能力を十分発揮できていない　16.5％
　⑩入社して期間が短いのでわからない 12.4％
　⑪無回答　　　　　　　　　　　　　 2.2％

3. これまでの教育歴と教育訓練ニーズ

問16 あなたは以下のような教育・研修を前の勤務先，あるいは現在の会社で受けたことがありますか．また，今後どのような教育・研修を受けてみたいですか（該当するもの全ての○印）．

	前の勤務先	現在の会社	今後
職業訓練校等での教育訓練	4.8%	3.2%	6.6%
工業技術センター（工業試験所）等の講習会	4.9%	4.4%	6.1%
商工会議所・商工会や事業協同組合などでの研修	9.2%	12.1%	9.2%
専門学校・各種学校での研修	4.6%	2.1%	8.7%
民間の教育訓練機関が実施する講習会	20.6%	15.9%	13.6%
設備機器メーカーが実施する講習会	11.9%	10.0%	9.1%
学術団体（学会）の講習会・勉強会	5.2%	4.1%	5.4%
大学・大学院での勉強会・研究会・講座への参加など	2.2%	1.2%	6.6%
親会社等での研修	15.5%	6.8%	4.6%
従業員同士の交流会や勉強会・工場見学会	30.9%	21.6%	16.3%
通信教育の受講	10.9%	13.7%	10.7%
受けたことがない	29.1%	38.0%	
無回答	12.2%	12.3%	45.1%

問17 現在の会社に採用されてから最初の3か月間に，あなたは以下のような教育訓練等をどの程度受けましたか（行いましたか）．訓練方法別に受けたおおよその時間数をご記入下さい．なお，1日訓練を受けた場合は8時間と計算し，受講・活動した時間がない場合には "0" をご記入下さい．

① 会社が実施する
　集合研修（仕事から離れて行う訓練）の受講時間　　　　　約 11.8 時間（平均）
② 上司や先輩が仕事のやり方を教えてくれた時間　　　　　　約 93.5 時間（平均）
③ 他人の仕事を見たり，
　仕事のマニュアルを見たりして学習した時間　　　　　　　約 101.2 時間（平均）

問18 あなたの職業能力等で，現在の仕事に役立っているものは何ですか．また，今後身につけたい能力は何ですか．

	現在の仕事に役立っているもの（該当全てに〇印）	今後身につけたいもの（該当全てに〇印）
全社的な経営管理能力	5.7%	18.0%
部門・職場単位の管理能力	11.8%	15.1%
部下の指導・育成能力	13.8%	18.9%
特定分野の専門・技術力	27.2%	22.8%
幅広い分野にわたる知識	18.4%	33.9%
定型業務の処理能力	15.6%	7.1%
状況変化に対する対応能力	21.3%	22.5%
新規企画や経営戦略能力	5.1%	16.8%
新規事業・顧客の開発能力	6.4%	13.6%
情報収集・処理能力	13.3%	19.4%
部門間の業務調整能力	5.9%	7.4%
社外との折衝・交渉能力	14.1%	14.8%
社外との人的ネットワーク	12.4%	16.4%
海外との人的ネットワーク	0.9%	4.5%
国際業務処理能力	0.4%	3.3%
外国語能力	1.3%	13.8%
表計算・ワープロソフト等を使いこなす力	22.9%	28.0%
その他	3.6%	2.4%
	無回答 23.6%	無回答 16.7%

問19 あなたは仕事に必要な職業能力を身につける上で困っていることはありますか（該当するもの全てに〇印）．
　　①仕事が忙しくて勉強する時間が確保できない　　　　25.8%
　　②仕事を教えてくれる上司や先輩がまわりにいない　　10.3%
　　③会社が教育訓練に熱心でない　　　　　　　　　　　9.8%
　　④適切な研修ケースのある教育訓練機関がない　　　　10.0%
　　⑤授業料が高すぎて外部の教育訓練機関が利用できない　11.1%
　　⑥どこでどのような教育訓練をしているかわからない　12.9%

⑦勉強はしたいが何を勉強してよいかわからない　　12.2%
⑧とくに困っていることはない　　39.2%
⑨その他　　2.2%
⑩無回答　　5.2%

4. 転職による仕事や生活の変化

問20　現在の会社に転職する以前に勤務していた会社（自営等も含む）での，あなたの年収額の水準を<u>100</u>とすると，次の場合それぞれどの程度になりますか．
　①現在の会社で働き始めた直後の年収水準　　95.0
　②現在の年収水準　　115.3

問21　あなたの仕事等の変化や現在の満足度についてお伺いします（それぞれについて○印は1つ）．

（単位　%）

	直前の勤務先と比較した場合の変化		現在の満足の程度	
(ア)仕事の担当範囲	1. 広がった	57.7	1. 満足	40.8
	2. 狭まった	19.1	2. 不満	10.0
	3. 変わらず	16.2	3. どちらともいえない	46.8
	無回答	7.1	無回答	2.4
(イ)仕事上の責任の大きさ	1. 重くなった	48.4	1. 満足	35.5
	2. 軽くなった	20.0	2. 不満	9.3
	3. 変わらず	25.1	3. どちらともいえない	52.2
	無回答	6.4	無回答	3.0
(ウ)部下の人数	1. 増えた	19.1	1. 満足	21.4
	2. 減った	30.1	2. 不満	8.9
	3. 変わらず	36.9	3. どちらともいえない	59.5
	無回答	13.9	無回答	10.3
(エ)職場の人間関係	1. 良くなった	32.1	1. 満足	43.4
	2. 悪くなった	9.8	2. 不満	12.6
	3. 変わらず	51.6	3. どちらともいえない	41.2
	無回答	6.5	無回答	2.9

	直前の勤務先と比較した場合の変化		現在の満足の程度	
(オ)仕事の負担度	1. きつくなった	41.4	1. 満足	30.8
	2. 楽になった	23.9	2. 不満	15.9
	3. 変わらず	28.4	3. どちらともいえない	50.6
	無回答	6.3	無回答	2.7
(カ)能力発揮の程度	1. 増えた	43.5	1. 満足	34.9
	2. 減った	17.7	2. 不満	13.6
	3. 変わらず	31.7	3. どちらともいえない	48.0
	無回答	7.1	無回答	3.4
(キ)年収水準	1. 増えた	33.0	1. 満足	22.7
	2. 減った	40.0	2. 不満	36.7
	3. 変わらず	20.1	3. どちらともいえない	37.4
	無回答	6.9	無回答	3.2
(ク)労働時間の長さ	1. 長くなった	37.5	1. 満足	35.6
	2. 短くなった	30.8	2. 不満	22.9
	3. 変わらず	25.3	3. どちらともいえない	38.7
	無回答	6.3	無回答	2.7
(ケ)通勤時間の長さ	1. 長くなった	26.7	1. 満足	53.5
	2. 短くなった	35.1	2. 不満	9.5
	3. 変わらず	32.1	3. どちらともいえない	34.1
	無回答	6.1	無回答	2.9
(コ)福利厚生の充実度	1. 良くなった	26.8	1. 満足	31.4
	2. 悪化した	21.3	2. 不満	19.0
	3. 変わらず	44.7	3. どちらともいえない	46.0
	無回答	7.1	無回答	3.6
(サ)定年の年齢	1. 伸びた	20.8	1. 満足	29.6
	2. 短くなった	5.0	2. 不満	4.1
	3. 変わらず	65.0	3. どちらともいえない	61.3
	無回答	9.2	無回答	5.0

問22　それでは全体的にみて，あなたは現在の仕事をどの程度満足してますか（○印は1つ）．
　　①非常に満足している　　6.4%
　　②ほぼ満足している　　　48.6%
　　③どちらともいえない　　26.8%
　　④やや不満である　　　　12.0%
　　⑤不満である　　　　　　4.4%
　　⑥無回答　　　　　　　　1.9%

問23　あなたは今後の職業生活にどのような希望を持っていますか（○印は1つ）．
　　①現在の会社で定年まで勤めあげたい　　　　44.1%
　　②機会があれば同業他社へ転職したい　　　　5.4%
　　③機会があれば同業以外の会社へ転職したい　10.0%
　　④いずれ独立開業をしたい　　　　　　　　　9.2%
　　⑤特に考えていない　　　　　　　　　　　　29.1%
　　⑥無回答　　　　　　　　　　　　　　　　　2.1%

5. あなたご自身について

問24　あなたの性別をお教え下さい．
　　①男性　70.4%　　②女性　28.0%　　③無回答　1.5%

問25　あなたの最終学歴（中退は卒業に含む）は次のどれですか（○印は1つ）．
　　①中・高校卒　　　　　　59.0%
　　②専門・専修学校卒　　　11.4%
　　③短大・高専卒　　　　　7.8%
　　④大学・大学院卒（文系）13.4%
　　⑤大学・大学院卒（理系）6.4%
　　⑥その他

問26　あなたは結婚していますか（○印は1つ）．
　┌①はい（子供あり）　　53.3%
　├②はい（子供なし）　　7.8%
　│③いいえ　　　　　　　36.8%
　│無回答　　　　　　　　2.1%

└─→ 配偶者は現在収入を得る仕事をしていますか（○印は1つ）（→母数2,200）．
　①正社員として働いている　　　35.2%
　②パートタイムで働いている　　25.6%
　③自営業主である　　　　　　　 3.2%
　④自宅で仕事をしている　　　　 3.9%
　⑤収入を得る仕事をしていない　25.0%
　⑥その他　　　　　　　　　　　 3.9%
　⑦無回答　　　　　　　　　　　 3.2%

問27　あなたの昨年の税込み年間収入はどのくらいですか（※おおよその額で結構です）．
　　　約364.9万円ぐらい（平均）．

索　引

Off-JT　40, 111, 112
OJT　40, 44, 111, 143, 154

ア行
アイ電子工業　27
明るさ　57
イエローパンプキン　20
一ノ蔵　25
一般的熟練　60
一般ニーズ調査　147
インセンティブ　21, 105
絵に描いた餅　ii, 19, 21
オペレーション　16
親兄弟・親戚　124

カ行
外延的な情報　89
開業者　71
ガゼル（Gazelle）　ii, 3, 5, 6, 21-23, 24, 26, 136, 140
関連経験年数　120
基幹的人材　9, 43, 153
起業家精神　12
企業特殊的熟練　60
技術的陳腐化　12
キャッシュフロー　25
求人情報誌　124
教育訓練機関　98, 157
教育訓練給付制度　143
共感　27, 29, 31, 137
協調性　127
経営資源　9, 33
経営戦略　8, 17, 37
経常利益　67

研修期間　103
研修期間制度　144
コア人材　50, 136
後継者　64
好循環　36, 136
固定費用　49
コーディネーター　66
コミュニケーション　29, 32, 56, 128, 137, 139
雇用機会の平等化　119, 133
雇用純増減率の決定要因分析　53
雇用喪失　49
雇用創出　5, 49, 84, 143
雇用創出の決め手　48
雇用創出力　5
雇用調整　50
雇用変化率　50

サ行
再就職支援ビジネス　144
サン・マイクロシステムズ社　12
事業機会　9, 10, 13, 21
資金調達　40, 143
シグナル　106, 116
資産収益率　25
市場情報　89
事前情報　87, 106
事前情報の組み合わせ　90
事前情報の入手の程度　99
事前情報　87
指導者不足　44
社会的厚生　106
若年者トライアル雇用制度　103
社風　90, 130
就業情報　89

索　引　　　　　　　　　　　　　　　187

自由度　55
集約的な情報　89
試用期間制度　103
情報化　20
情報開示　130, 136
情報共有　56
情報収集活動　96
情報処理コスト　90
情報提供　56
情報入手　87
情報の非対称性　103, 142
情報の不完全性　106
職場の雰囲気　57, 89, 136, 139
「知らせる」　106, 129, 133, 136, 144
「知る」　106, 108, 125, 131
新規学卒者（新卒）　41
人材育成　8, 20, 21, 33, 34, 37, 135, 145
「人材育成」観　137
人材育成策　29
人材育成能力　46
人材満足企業　14
人的資本　132, 142
人的つながり　93, 95
人的投資理論　50
ストーリー, D. J.　3
スーパーマン（ウーマン）　62
生産性（業務達成度）　112
誠実性　128
成長企業　9
責任ある仕事　55
総合的人材ニーズ調査　147
組織の能力　9, 10, 13, 21

タ行

大企業　84, 143, 154
大企業経験者　65
食べられる餅　ii, 19, 21
知人　101, 122
中途採用市場　105
適材適所　55, 114
デービス, スティーブン　51

デュアルシステム　103
転職　86
転職後の成果　88
転職後の適応状況　156
転職にともなう変化　109
転職の実態　108
転職のプロセス　154
転籍　86
透明性　57
特定ニーズ調査　3, 147
トヨタ　18

ナ行

入職経路　95
入職経路と満足度　122
入職理由　93
ネットワーク　93, 95, 98, 103, 132, 140, 141, 144
ノウハウ　48, 143
能力開発　34, 38, 89, 90, 129, 136, 154
能力開発上の課題　157
能力開発や人材育成に力を入れない理由　47
能力評価制度　129
伸びる企業　135

ハ行

派遣　86
バーチ, デビット　3
ハルティワンガー, ジョン　51
ハローワーク　95, 122
反ガゼル　5
非市場情報　90
ビジネスシステム　15, 17-19
人柄　90, 94, 130, 139, 155
フェファー, ジェフリー　33
フォーチュン　3
不均衡　11, 13, 135
物流チャネル　16
文系大卒　72
平均訓練時間　112
ベスト・プラクティス　66

ベンチマーキング　66, 138
ホンダ　18

マ行

マズロー，アブラハム　22, 26
マーケティング　16-17
マッチング　136
マッチング機能　103
右腕　iii, 40, 62, 63, 138, 151
右腕が欲しい具体的な理由　82
右腕と競争力　65
右腕のいない企業　64, 82
右腕の学歴　74
右腕の採用方針　76
三谷調査　62, 63
魅力的な処遇制度　58

民間職業紹介　125
民間職業紹介機関　125
モチベーション　21

ヤ行

要員管理　45
欲求階層説　22, 26

ラ行

理系大卒　72
リーダーシップ　27, 29, 137
流通チャネル　16
留保賃金　119
労働者派遣法　11
労働生産性　50

執筆者紹介

佐藤　博樹（さとう　ひろき）
一橋大学社会学部卒業，同大学院社会学研究科博士課程単位取得退学．法政大学経営学部教授を経て，現在，東京大学社会科学研究所教授．
主著，『人事管理入門』（日本経済新聞社，共著，2002年），『日本企業の品質管理―経営史的研究』（有斐閣，共著，1995年）．

玄田　有史（げんだ　ゆうじ）
東京大学経済学部卒業，同大学院経済学研究科第Ⅱ種博士課程単位取得退学．学習院大学経済学部教授，ハーバード大学，オックスフォード大学等での客員研究員を経て，現在，東京大学社会科学研究所助教授．主著，『仕事のなかの曖昧な不安』（中央公論新社，2001年），『リストラと転職のメカニズム』（東洋経済新報社，編著，2002年）．

高橋　徳行（たかはし　のりゆき）
慶應義塾大学経済学部卒業，バブソン大学経営大学院修士課程修了．現在，国民生活金融公庫総合研究所主席研究員を経て，現在，武蔵大学経済学部教授．
主著，『起業学入門』（経済産業調査会，2000年，（2001年度中小企業研究奨励賞受賞）），『中小企業金融入門』（東洋経済新報社，共著，2002年），「女性起業家の現状と経営的特長」『調査季報』第60号（国民生活金融公庫総合研究所，2002年2月）．

脇坂　明（わきさか　あきら）
京都大学経済学部卒業，京都大学大学院博士課程単位取得退学，岡山大学経済学部教授を経て，現在，学習院大学経済学部教授．
主著，『日本型ワークシェアリング』（PHP研究所，2002年），『職場類型と女性のキャリア形成・増補版』（御茶の水書房，1998年），『マイクロビジネスの経済分析』（東京大学出版会，編著，2002年（2002年度中小企業研究奨励賞受賞））．

大木　栄一（おおき　えいいち）
慶應義塾大学商学部卒業．現在，日本労働研究機構人的資源管理グループ副主任研究員．
主著，『教育と能力開発（リーディングス日本の労働⑦）』（日本労働研究機構，共著，1998年），『現代日本の賃金管理』（日本評論社，共著，1989年）．

黒澤　昌子（くろさわ　まさこ）
ロンドン・スクール・オブ・エコノミクス経済学部卒業，同大学計量・数理経済学修士課程修了，同大学経済学 Ph. D. ペンシルバニア大学高等教育研究所研究員，コロンビア大学バ

ーナードカレッジ経済学部客員助教授,城西大学経済学部助教授,明治学院大学経済学部教授を経て,現在,政策研究大学院大学助教授.
主著,「企業の経済学:ミクロ経済学的アプローチ」(放送大学教育振興会,1999年),「職業訓練施策」猪木武徳・大竹文雄編『雇用政策の経済分析』(東京大学出版会,2001年),"The extent and impact of enterprise training: the case of Kitakyushu-city", *Japanese Economic Review*, 2001.

成長と人材――伸びる企業の人材戦略

2003年2月10日　第1版第1刷発行
2003年5月10日　第1版第3刷発行

編者　佐藤博樹
　　　玄田有史

発行者　井村寿人

発行所　株式会社　勁草書房
112-0005　東京都文京区水道2-1-1　振替 00150-2-175253
（編集）電話 03-3815-5277／FAX 03-3814-6968
（営業）電話 03-3814-6861／FAX 03-3814-6854
大日本法令印刷・鈴木製本

© SATÔ Hiroki, GENDA Yûji 2003

ISBN　4-326-50236-3　　Printed in Japan

JCLS　<㈱日本著作出版権管理システム委託出版物>
本書の無断複写は著作権法上での例外を除き禁じられています。
複写される場合は、そのつど事前に㈱日本著作出版権管理システム
（電話 03-3817-5670、FAX03-3815-8199）の承諾を得てください。

＊落丁本・乱丁本はお取替いたします。
　　　　http://www.keisoshobo.co.jp